一切都还没有注定

学诚／著

台海出版社　博集天卷 CS-BOOKY

比如說、我有一個東西、這是
你的念頭、你心里認為你
有一個東西、實際上、人是
人、物是物、只是你把你
的身體和外在的物質
連起來考慮、成為一
個觀念為我有一個
東西、心里感覺說
我有一個東西、所以
就不能解脫
見行堂語
恭錄恩師上學下誠
大和尚言教

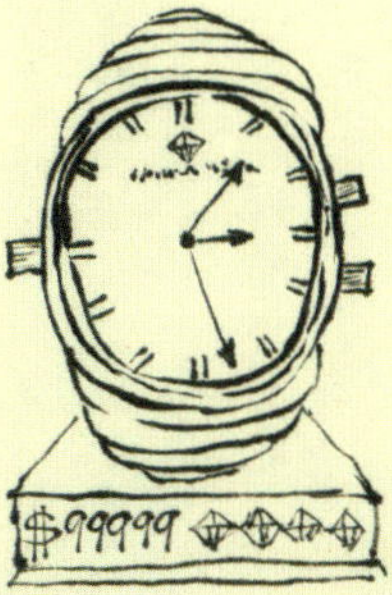

一塊表、走的准、就是好
否則、再怎麼名牌、也
是不好、這就是佛法的
價值觀與世間法
的不同、如果我
們注重世間法的
這種外在的價、
值觀、就會不
斷去適應別人的要求
而不得解脫

見行堂語

恭錄恩師上學下誠大和尚言教

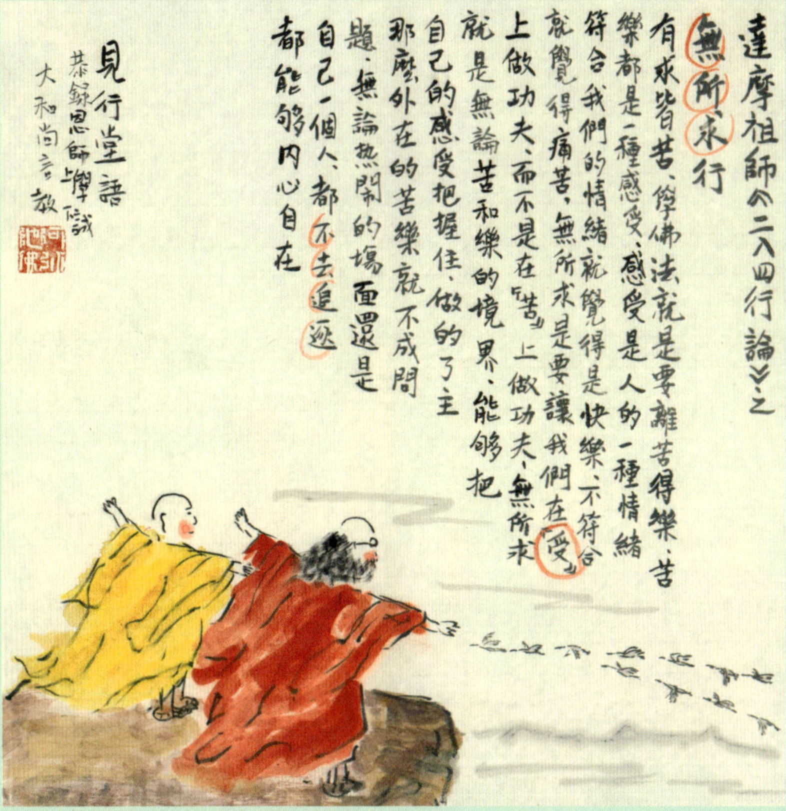
達摩祖師《二入四行論》之
無所求行
有求皆苦、學佛法就是要離苦得樂、苦
樂都是一種感受、感受是人的一種情緒
符合我們的情緒就覺得是快樂、不符合
就覺得痛苦、無所求是要讓我們在「受」
上做功夫、而不是在「苦」上做功夫、無所求
就是無論苦和樂的境界、能夠把
自己的感受把握住、做的了主
那麼外在的苦樂就不成問
題、無論熱鬧的場面還是
自己一個人、都不去追逐
都能夠內心自在
見行堂語
恭錄恩師上學下誠
大和尚言教

無常變化只有心能感覺
出來、眼睛、耳朵感覺不
出來、眼耳只能感覺到
外相、無常變化、緣起都
是跟心有关的、要不怎
麼說萬物無自性呢、禪
宗參話頭、就是找說話
的源頭在哪里・都是在
人心〃道次第〃不僅讓
我們了解知識、更关
鍵的是讓我們獲知
實相
見行堂語
恭錄恩師上學下誠
大和尚音教
諸行無常
心在哪里
拖死尸是誰
誰在念佛
誰
諸行無常
我是誰
諸法無我
沒有
空的
夢幻

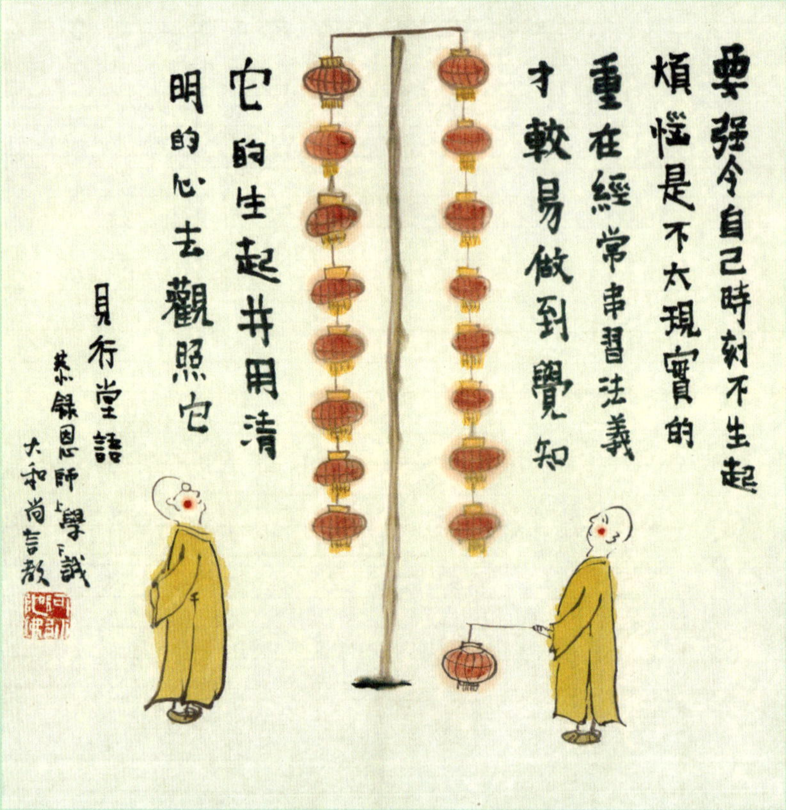

要强令自己時刻不生起
煩惱是不太現實的
重在經常串習法義
才較易做到覺知
它的生起并用清
明的心去觀照它
見行堂語
恭錄恩師上學下誠
大和尚言教

外在的境界同内在的相、識絶對是不一樣的，外在的境界它是緣起的，是無自性的，所以、我們要通過觀察外在緣起無自性、然後、放下我們內心存自性的這些形相、這樣子的話，我們內心才會有一種真正的包容心，內心真正才不會有執著、
見行堂語 恭録恩師上學下誠大和尚言教

不被外在優美的文辭、林林總總、非凡復雜的佛法的名相套住、才能夠真正照着佛法的義理抉擇、才能夠進入到智慧的境界
見行堂語
恭錄恩師
大和尚言教

修觀的時候，要作意所有外在的一切都是假的
都是人為給它安立的種種名稱，這樣的目的
是為了讓我們清除內在的種種的觀念
清除這些觀念的目的，是為了來
破除我們對外境的執著、
對事物的執著，對
種種觀念的執
著
見行堂語
恭錄恩師學誠
大和尚言教

弟子外出，需要面對一些複雜的人
和事，還有種種見解和說法，臨
行前短信問師父應該如何
用心。師
父短信
回復：裝
聾作啞
向內著
力。弟
子依教
奉行
見行堂語
恭錄恩師上學下誠和尚教

一切都还没有注定

目录

第1章
觉悟之道

所以我们学佛法的目的就是要从迷的思维模式逐步修到觉悟的思维模式，让内心的整个思维模式完全变化。

第2章
真正的皈依

皈依本身就包含了“我们相信三宝能够救护我们”，皈依本身就表示，我们许下了诺言，就要照三宝的教授、教诫去行持。

第3章
念死门中勤修皈依

学习、工作、修行是一心的，修行、学佛不妨碍工作，你把工作做得好的业，回向到无上正等正觉，回向到成佛，你工作还是会很好。

第4章

用智慧心观照无常

我们修行、用功，就是要来认知我们凡夫心起心动念的整个过程，以及它的状态、它的问题，同时要知道该怎么办，怎么来对治。

第5章

调伏烦恼寻找本心

我们对物质世界有经验之后，慢慢地要让自己对精神世界也有经验；我们对凡人的世界、生活有经验之后，也要对圣者的世界有经验。

悟
佛法要借助語言文字，但又不能被
語言文字拘泥。要超越語言
文字。比如左手和右手，左和
右是相對自己
身體來講
的。如果
不以自
己的身
體為參照，那左
手和右手的名言就沒法
安立
見行堂語

序言

一切都还没有注定

我们的人生恰似一段旅程，或短或长，有快有慢；每个人的路数也都不一样，时空不一，风光不同。

但是，所有旅程都有关键的一个因素——方向。

佛陀告诉我们，我们是迷惑的众生，我们所要完成的是内心的觉悟，从无明中醒过来，看破这场痛苦而迷幻的人生大梦，洞察每一段苦难的人生旅程，认识它，了解它，从中解脱。凡夫很难做到这一点，由于习性的缘故，通常只能随着岁月之流、业力之流，漫无目的地跋涉，下滑；圣者可以通过慈悲和智慧掌控自己的命运，并且帮助更多的人走上觉悟的人生之路。

这是对修行之路的一个比喻、一个说法。

觉是觉醒，悟是领悟，道就是方法。

这个次第常常被解读为教理行果。我们需要明理，需要文字，需要教法，需要过来人的讲说，需要认真听闻和领纳。先做一个明理的人，懂得了道理，就知道哪个是人生正确的方向，哪个是错误的方向。静下心来，仔细地盘点自己过往路途的闪失，思考未来究竟要走什么样的道路，要抵达哪里。

明理之后，我们要去行持，去落实，一步一步地，在每一个当下用心、用功，持之以恒，不屈不挠。

佛法究其根本还是心路历程，是人内心的道路，所有的觉悟都是内心的觉悟，是内心世界的事情，而不是外在的。

通过学习来改变错误的思维模式，获得正确的思维方式，并最终领悟佛陀为我们开示出的苦、空、无常和无我。

人生，不管选择什么样的道路，总是要在路上，或者继续迷惑，或者觉悟，这取决于我们的起心动念，取决于我们用功的程

我們修行
學習為什麼
不容易成功呢
就是缺乏最基
本的堅持的力量
持之以恒的力量
如挖井一樣，快挖
到水了，你又換一口
去挖，又挖，又快挖
到水了，你又換一口，
到第三口，找不到水
不挖了，算了，沒
有水
見行堂語
恭錄恩師學誠大和尚言教

度，取决于我们领悟的程度。三藏十二部经典都是在告诉我们人生是可以觉悟的，告诉我们有很多很多的方法，所谓八万四千法门。

有多少众生，就有多少法门。

但是，方向只有两个，一个是觉悟，一个是迷惑。

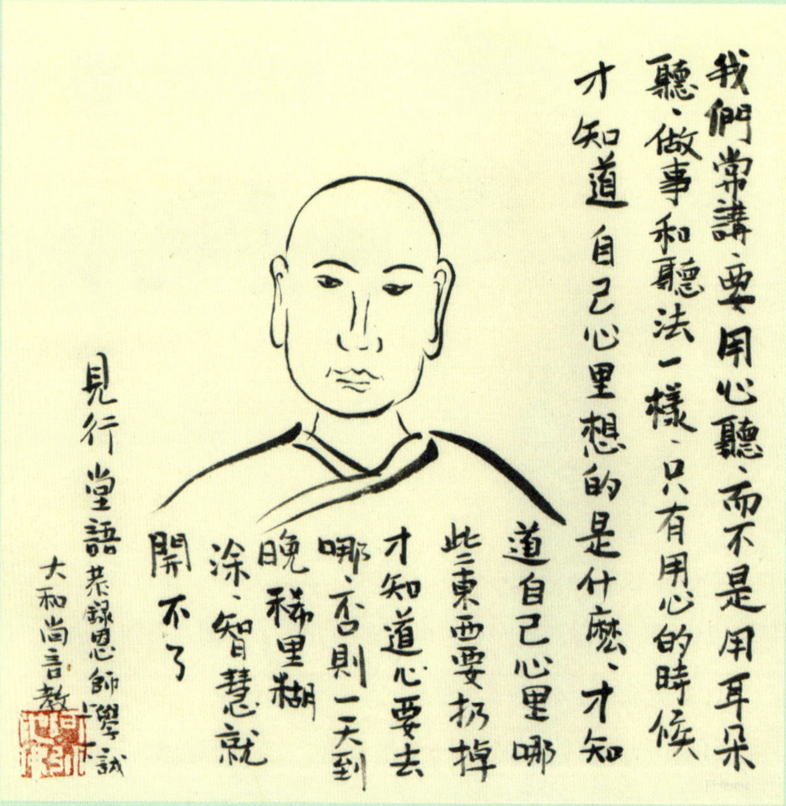
我們常講要用心聽、而不是用耳朵
聽、做事和聽法一樣、只有用心的時候
才知道自己心里想的是什麽、才知
道自己心里哪
些東西要扔掉
才知道心要去
哪、否則一天到
晚稀里糊
涂、智慧就
開不了
見行堂語 恭錄恩師學誠
大和尚言教

做大事情是從小事情開始的
尤其佛法更是如此
小的事情能用上心
大的事情才不會出問題
見行堂語
恭錄恩師
上學下誠大和尚
言教

眼睛往外看、心也往外緣、那就麻煩了
那你這個人就猶如一部照相機、照
來照去、里面沒有存盘、都是白
照、一直
都是
在浪
废時
間、因
為我們的心沒用進去、智慧沒用
進去
見行堂語
恭錄恩師學誠
大和尚言教

修行人只有看待和觀照我們心念
的起伏，怎麼生起來，怎麼滅下去，起
了什麼心，動了什麼念，你看別人也一
樣，見到的都是心，而不是看到人外
表的表相，看到心就能看到法，
看到法就能看到佛
見行堂語
恭錄恩師學誠
大和尚音教

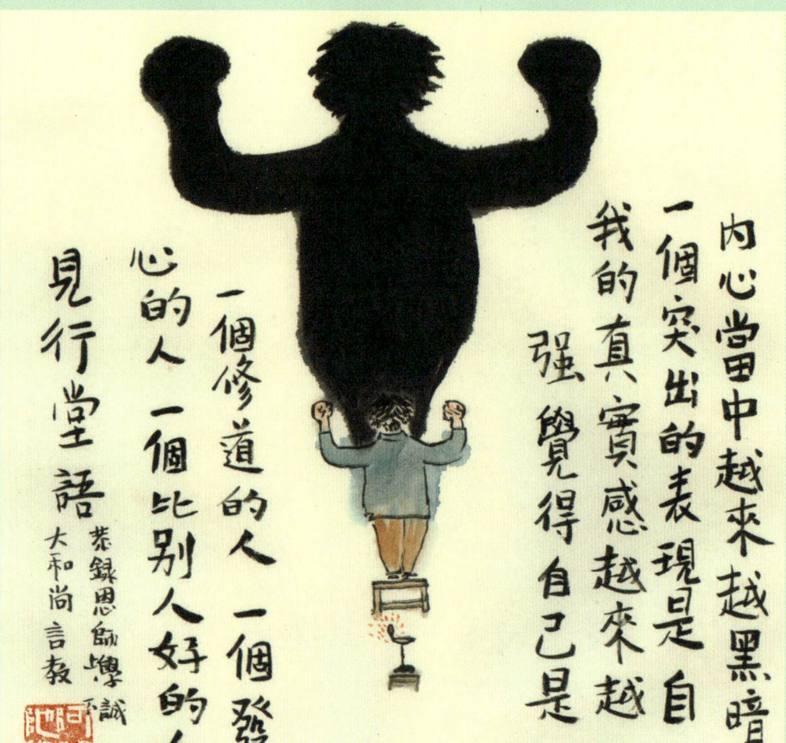
內心當中越來越黑暗
一個突出的表現是自
我的真實感越來越
強覺得自己是
一個修道的人 一個發
心的人 一個比別人好的人
見行堂語
恭錄恩師學誠
大和尚言教

無我不僅是一個道理、
它是一個修行的方法
修行的道理、我們
要從無我下手、從
無我來觀察、我
們內心當中才
不會着相、這
些相在內心當
中才能去得掉
否則的話、你非住
相不可
見行堂語
恭錄恩師上嶧下識
大和尚言教

理論搞得很清楚、但
在自己身上不能起作
用、就沒什麼意義至
少意義不大、可能別
人聽了你的理論開
悟了、你自己還是
糊涂的
見行堂語
恭錄恩師上學下識
大和尚言教

無明不等於什麼都不知道。無明是充滿了錯誤的見解，片面的見解，稀奇古怪的想法。這些錯誤的觀念就是生死輪回的根本
見行堂語
恭錄恩師上學下誠大和尚言教

所以我们学佛法的目的就是要从迷的思维模式逐步修到觉悟的思维模式，让内心的整个思维模式完全变化。

第 1 章

觉悟之道

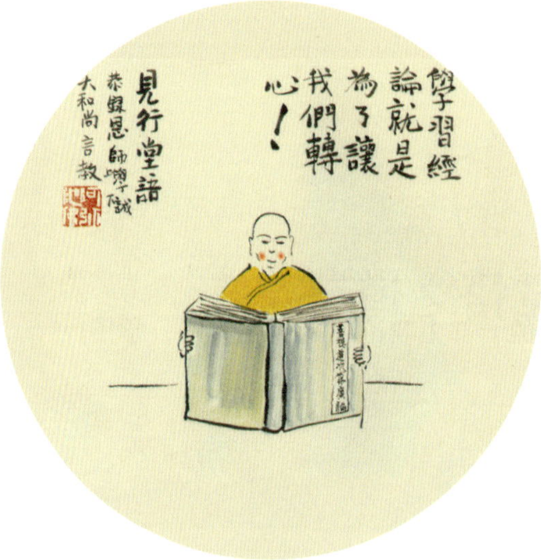
學習經論就是為了讓我們轉心！
見行堂語
恭錄恩師學誠大和尚言教

一切都还没有注定

今天是国庆节，第61个国庆节。60年是一甲子，周而复始，又从头开始，重新开始。大家利用黄金周的时间在这里修学佛法，非常难得。这几天大家念诵的《菩提道次第广论》，非常殊胜，也是我们道场长期修学的一部主要论典。我们信佛、学佛，无论是南传巴利语系佛教、藏传佛教，还是我们汉传佛教，到最后都是为了成佛。佛是一个大彻大悟、福慧圆满、觉悟圆满的圣者，而我们却迷惑、迷茫。我们是迷的人，佛是觉的人。菩提道就是觉悟的道——觉悟的人所走过的道路。所以，我们这7天要讲的主题就是“觉悟之道”。

大家知道，我们的藏经——三藏十二部，非常多。这些经律论不重复地算就有6000卷，如果重复地算，加起来有1万多卷。三藏十二部，可以用“教理行果”来概括，这是我们汉传佛教的

一种说法；藏传佛教的说法是“见修行果”。我们讲的是教理行果，先要学教、明理、修行，然后证果。见修行果，“见”就是见解，“修”就是修法，“行”就是行为，“果”就是结果。教理行果与见修行果实际上是一样的。“见”，我们常常讲“知见”——比如我们的见行堂，要建立正确的知见。一个道场好不好，和合不和合，就看知见是不是统一。汉传佛教讲教理行果，表面上看好像跟知见没有关系，实际上这个“教”就是知见；

“理”就是藏传佛教里所谈的修持、修法，就是法；“行”和“果”都是一致的。

一　生命的体悟

为什么说汉传佛教的“教”就是藏传佛教的“见”呢？大家知道，“教”是语言文字，我们看的《弥陀经》也好，《法华经》也好，《华严经》也好，《涅槃经》也好，或者祖师大德造的论典——经是佛说的，论是菩萨、祖师大德造的——都是语言文字。佛说的也好，祖师大德造的也好，都是他们内心对佛法有了觉悟，然后说出来的。因为他们对佛法有觉悟，所以他们讲出来才能够同佛法契合。内在的那些逻辑关系，那些道理以及五乘佛法，都变成理了，都变成理法了。所以“教”是生命的体悟，我们修行就是要跟“教”相应，或者说要知见统一。

知见统一是非常关键的。就好比一台电脑，要想运转必须装软件，市场上有各种品牌的电脑软件，但是也许只有一个品牌能够让电脑运转，或者说更高效率地运转，其他的都不能兼容——虽然都是电脑软件，但是无法兼容。这是什么意思呢？就是说佛与祖师大德，他们觉悟的本质是一致的，但方法是不同的，层次也是不同的。佛经是佛当时对那些弟子讲的，都是在特定因缘下讲的。我们现在人的根机，与当时的阿难、迦叶、目犍连、舍利弗相比是差得很远的。所以佛对十大弟子、1250名弟子讲的法，对今天的我们来说虽然是正确的，但是不一定能够与我们的心兼

我們必須要用所有的時間、精力、注意力去深
入認識自己的心，從而消除我們的心與外在
的人事物這些境界的距離、障礙、隔閡
有障礙、有隔閡，對
外境就認識不清
楚，就會影響心
的思維體系，就
如同電腦軟件
中的病毒，會
影响其他功能
見行堂語
恭錄恩師學誠
大和尚言教

容。我们人就犹如一台电脑，这台电脑里已经装了很多低层次的软件系统，所以更高级的软件要装进来，就没办法兼容。怎么办呢？只有把电脑中所有低级的、染污的、带病毒的软件清除干净，然后这些清净的、高级的软件才有办法兼容，这是非常重要的。所以我们学佛法不是说哪一本经、哪一本论自己随便翻翻，照着一两句去做就能做到的，不是那么简单的。

“教”是什么？我们在道场中学佛法，学《广论》，都提到了依师的重要性和善知识的重要性。善知识和法师们讲出来的话，都有佛法的含义。这些话就是“教”，对我们来讲就是一种“教”——教化、教育，对我们来讲都是有用的。在佛法的一些基本道理上，善知识和法师们的体会、体悟，变成现在的语言，让我们能够听懂，这就是“教”。如果我们今天这里听两句，明天那里听三句，这里听一个法类，那里又听一个讲座，那么最后我们学“教”学的是自己脑筋中的“教”，而不是佛法上所谈的“教”。长期以来，很多人认为教理行果中的“教”就是藏经，其实这种理解是有很大问题的。

二 转换思维模式

“理”是修行的道理，相对来讲比前面的“教”要容易学。因为“理”是一种理则，三皈、五戒、十善、四谛、十二因缘、六度，这些都是理则。但是这些理则每个人悟出来都是不一样的，深浅不同，差别非常大。玄奘大师为什么要西行到印度求法？因为他当时学的是《摄大乘论》，而南方、北方对它的解释都不一样，有各种各样的说法，甚至有6种不同版本的说法，他不知道该听信哪一种。现在的佛教更是如此，因为资讯发达，经论、音像到处都有，我们觉得佛法就不那么宝贵了。实际上我们学佛法，就是为了得到一种正确的诠释方法。正确的诠释方法是什么意思呢？不是知识分子做注解，从这条注解到那条注解，从这条解释到那条解释，从这个名相到那个名相。正确的诠释方法，跟我们整个人的思维模式是有关系的。所以我们学佛法的目的就是要从迷的思维模式逐步修到

觉悟的思维模式，让内心的整个思维模式完全变化。只有把内心的软件全部重新组装，改变整个模式，再用这个模式来诠释世间的万事万物，那才是佛法。因为我们平时都是无明，都是烦恼，能正确地诠释是很难的。我们的模式都是错误的——偏见、成见、谬论，都是邪见，所以要去矫正。

三　觉悟佛法的途径

达摩祖师——我们禅宗的祖师、初祖，对汉传佛教影响非常大。有些庙就称为某某禅寺，禅宗五家七宗在唐代以后非常盛行。达摩祖师有一部非常有名的论，叫作《二入四行论》。二入，就是理入、行入。这部论开头说，“夫入道多途，要而言之，不出二种：一是理入，二是行入。”也就是说，对佛法的悟入，对佛法的觉悟，有八万四千法门，非常多的方法，非常多的途径，但概括起来就是两种：一种从道理入，从义理入；一种从行入，从行持入。从教理入和从行持入，即理入和行入。

第一，理入。什么意思呢？“理入者，谓藉教悟宗。深信含生同一真性”。“藉教悟宗”，“宗”就是宗旨、目的；“教”就是语言文字、说的话，也就是祖师大德说的话。祖师大德告诉我们怎么修，怎么做，你照着这样去做，照着这样去实践，才有办法“悟宗”。禅宗本身虽然是不立文字的，但是也要“藉教”才能够“悟宗”。如果没有借助“教”——教理行果的这个“教”，宗旨也是悟不出来的。“深信含生同一真性”，就是要相信一切众生都能成佛，一切众生都有佛性。我们要真正相信这一点，也不是很简单的事情。比如我们平时看到别人有很多的毛病、很多的习气、很多的过失，当看到对方有那么多问题的时候，我们能不能相信“对方有佛性，我可以启发他”？所以我们从文字上，从理论上认可一切众生都有佛性，和我们从道理上真正相信人都有佛性，并通过自己的努力，通过自己的言教，能够启发对方的佛性，是不一样的，后者才是我们菩提心的显现。如果我们不能做到这一点，而是认为这个人问题很多，成见很重，毛病一大堆，那么这个“理”你还没有入，没有认识到菩提心是什么，佛性是什么。从理论上，从义理上，你还没有真正悟到这一点，还没有真正达到这一点。

第二，行入。行入怎么入呢？达摩祖师讲有四点：报怨行、随缘行、无所求行、称法行。

第一点，报怨行。真正地以德报怨，遇到逆境，遇到不如意的事情，遇到种种痛苦，都把它当作修行，这是很不容易的事。我们一般人的反应是“我对你这么好，给你讲佛法，你有什么困难我都帮助你，你还对我怎么样怎么样”，这就是世间的心态，不是佛法的心态。佛法的心态，第一点，达摩祖师告诉我们要报怨行。

第二点，随缘行。随缘行也很重要，世间的一切都是因缘所生法，这件事情的出现，这个东西的存在，都是有因有缘的。既然有因有缘，在缘起法上，我们就能够修行，就知道自己该怎么来面对，怎么来用心。随缘行当然比报怨行要容易一点。

達摩祖師《二入四行論》之
隨緣行
世上的一切都是因緣所
生法事物的出現有因
有緣、在緣起法上就
知道如何面對、如
何用心
見行堂語
恭錄恩師上學下誠
大和尚言教

第三点，无所求行。有求皆苦，只要我们有求，就都是苦的。我们常常讲，学佛法要离苦得乐。苦也好，乐也好，都是一种感受——苦受、乐受。感受是什么呢？感受，没有指定是什么，没办法指定什么是痛苦，什么是快乐，它是人的一种情绪。痛苦也好，快乐也好，都是人的一种情绪。符合我们情绪的我们就觉得是快乐的，不符合我们情绪的就是痛苦的。无所求是让我们在“受”的基础上下功夫，而不是在“苦”的基础上下功夫。苦受，重点在“受”。乐的境界也好，苦的境界也好，能够把自己的“受”——感受把握住，那外在的苦乐就都不成什么问题了。比如天气热了，我们就少穿衣服；天气冷了，我们就多穿衣服。这是我们能在“受”的基础上，在这个境界上来把握的。如果不是在“受”的基础上来把握，我们可能就是在苦乐上把握了，认为“哎！冷得要死”或者“现在热得要命”。无所求，就是无论外在是怎样的境界——苦的境界、乐的境界，我们都在自己“受”的基础上做得了主，不会影响到自己的心态，外在再轰轰烈烈的场面也不会影响到，外在一个人都没有的情形也不会影响到，内心很自在，不会认为自己需要一个怎样的境界才能够让自己快乐，才能够让自己少受痛苦。

远离痛苦和得到快乐，都是有求。我要得到快乐，或者说我要远离痛苦，这都是内心有求的一种表现。有求本身可能引发痛苦，比如我们要好好修行，好好用功，但是修行修不上去，用功用不进去，没有进步，就会产生痛苦。很多人学佛法，本来说我

要解脱，我要成佛，怎么越学越苦呢？那是因为用功用错了，对佛法理解错了，理解偏了，没有在最基本的“受”上用功，而是在苦乐上用功，就变成“头上安头”了。在山下，你可能天天忙忙碌碌的，很难过，认为太忙了，没时间用功；忽然上山了，你又认为太闲了，可能又起另一种烦恼了。人就是这样，有了这个境界就会向往另一个境界。人内心患得患失，有上有下，有高有低，有分别心，就是这样引起的。这是第三点，无所求行。

第四点，称法行。称法行就是符合佛法的标准，照法去行持。

所以达摩祖师讲得非常清楚。先是“报怨行”，遇到冤亲债主，怎么办？处理不好就有干扰。在庙里也好，在社会上也好，碰到一件不如意的事，看到一个不如意的人，影响你一天的情绪，那就没办法修行。这样在心中就有障碍，这种障碍使你佛法学不进去，关闭了你的善法之门、信心之门。所以理入也好，行入也好，都需要“教”，都需要人去引导，都需要知见的正确建立。而正确建立知见，我们就要培养一个很好的思维模式、思维体系，这才是转凡成圣的过程、方法和下手处。这就是“见”。

四 落实到行为上

“修”——修法。修法有种种的法类，我们平时也学了很多的法类。知见要落实到修法上，光有知见是不够的。阿底峡尊者非常注重无常，所以噶当派就是在修无常。一个法类一直在修，一个法类在起作用，别的法类同样能够起作用。诸行无常，诸法无我，无常是从世间的层面来讲的，无我是从出世间的层面来讲的。无我是建立在无常的基础上的，我们如果没办法对无常有很深的体会，那么要体会无我是不可能的。所以，体会到诸行无常，我们就能够做到怨亲平等。比如你的父母跟你的仇人平等，一般世间人是很难接受的。世间人总是认为父母的恩很重，大乘佛法则认为一切众生都是自己的父母，所以怨亲平等，这是佛法跟世间法的不同。世间法是差别法、分别法，佛法是无差别法、无分别法，所以要从差别法到无差别法，从分别法到无分别法，整个的转换、过渡是一个很艰难的过程。修行就是这么去修。

那么“行”——行法呢？行法就是要落实到行为上。你说“我的修法很高”，但是你的行为没有办法来对照你的这种说法，那你说“我有深见，我有正见，我有修行”，这是不一致的，所以最后一定要落到行法上。

真正有“行”法，在行为上真正落实“见”跟“修”，那自然就会有结果。如果没有在“见”和“修”两方面去落实，而说自己要修行，那只是一种相。磕头也好，念经也好，放生也好，都是一种相。这种相有可能是“修”的相，有可能是“行”的相，只是一种相，是外在的形相。内在如果缺乏见解的统一、理路的清晰，缺乏心念的不断转换，不断转变，不断提升，不断完善，那我们内在的无明烦恼——见惑、思惑、尘沙惑、无明惑，多如恒河沙，根本去不掉，完全没有办法。

五　建立最基本的知见

首先，我们要建立一个最基本的知见。怎么来建立呢？要靠对三宝的信心，这是很重要的。信心本身也是一个法类，我们常常说“修信念恩”，要不断地去修，对法才不会有疑惑，对见修行果或教理行果才不会怀疑。一旦有怀疑，那就不是佛法，跟佛法就没什么关系了，只是我们把自己的烦恼掺杂进去了。佛法犹如美味佳肴，而人的烦恼就像是毒，再好的饭菜放点毒进去，就谁也不敢吃了。所以我们必须对三宝建立起胜解，这非常重要。胜解就是殊胜的理解。所谓殊胜的理解，就是不可动摇的。就比如黄金，大家都说黄金好，不会怀疑。举世公认黄金好，很值钱。钻石、货币——美元、英镑、欧元等，这些都好，大家都不会怀疑。佛法也是这样，佛法比这世间的货币更殊胜。货币还会贬值，像金融危机一下子让货币贬值了，佛法不会贬值，反而会越来越升值，功德会越来越大，无量功德，不断升值。

其次，只是认为佛法好还不够，还要“忍”好。“忍”好是什么意思呢？就是刚才谈到的，对自己的冤家、伤害你的人，你能够忍受；给你找麻烦的人、给你带来痛苦的人、给你带来种种障碍的人，你有办法来面对。那么他就不会影响到你的修行，不会影响到你的用功，不会伤害到你。世间很多都是业感缘起，比如你在开车，忽然前边的一辆车坏了，你走不了；或者前边发生交通事故了，你也走不了，不可预测的因素是很多的。前边的人可能出了什么状况，他绝对会影响到你，那么你怎么办？车掉头也掉不了，只有停在那里等。我们修行也是如此，遇到逆境，就要停下，不能继续非理作意，产生不好的分别，我们现在心就要停。车停在那里你干什么呢？如果你念佛，听录音，或者打坐，你就有事干；如果你没有佛法的心态，车停下来你就会一直在那里起烦恼“怎么还没完？还不走？……”那你就越来越烦恼，这就不是修行出世的心态，而是世间的心态。所以说我们修行要对境——对境练心，对境修心。先找个逆境来对，看你怎么办。顺境容易过去，顺境本身就符合我们的习性，逆境则违背我们的习

一個人在順境和逆境的時候，總是希
望去掉逆境，讓順境持續，實際上
不可能，更多情況下問題都是出
在順境，而不是出在逆境上
見行堂語
恭録恩師上學下誠
大和尚言教

性。这就是第二步，对三宝的信心建立以后，就看你逆境是否过得去。如果逆境过得去，那么我们在缘起诸法，在世间无常的种种现状、种种境界上就不会被妨碍，就能够把握好自心。

最后，我们要做到众善奉行。世间是不可能没有障碍的，就像刚才讲的，堵车了，你能不能修善，这就是一种功夫。世间所有的人，古往今来，无量无边的众生共业所感，你一个人再好，一个人的力量也是很微弱的，善法的力量也非常微弱，而只有拥有了很强的善法的力量才能改变共业的一部分。在这个世界上，在这些逆境面前，我们要做到众善奉行，而不仅仅只是做一点好事。比如你开车被堵住在路上了，利用这点时间，利用这个机会，在车里你就能做很多很多的善事。推而广之，在日常生活中也是如此。无论是否符合我们的心意，我们都能够奉行诸善。这些都是要去修的，不是说听了一次课，道理明白了，我们就能做到的，不是那么容易的事情。修行就是不断去练习，通过不断练习，我们就成长起来了。

六 修道的障碍

我们可能遇到邪师、邪友，遇到信仰歪门邪道的人，他跟你讲，可能你听了人家说的会觉得有道理，这就是对三宝信心不坚定的表现。因为对三宝信心不坚定，你就非常容易被邪师、邪友诱惑，引导，以致误入歧途。很多居士跑道场，这里跑跑，那里跑跑，哪里热闹往哪里凑，到处说自己的师父有多少个，他们是谁谁谁，比出家法师还厉害。这全是名利心，拿这些大德来装点自己的门面。这跟你有什么关系？这跟教理行果根本是背道而驰的，根本是风马牛不相及的。这跟世间有些人崇拜明星一样，哪个明星都崇拜。这不是佛法的心态，不是佛法用功的方法，这是不对的，是胡闹一场。

另外，一些亲戚——亲朋旧友、自己的家人，对你学佛法乃至出家来说都是很大的障道因缘。出家割爱辞亲，学佛法也一样。因为人是有亲情的，感情也是一种执着，感情就是人的一种感受。感情多了，人就不容易解脱，就会沉溺于这种世间的人情中。当然不是说我们不要去孝顺父母，不是那个意思。从修道本身来讲，必须要很好地处理，怎样让自己家里的父母、兄弟、姐妹欢喜，让他们快乐。但我们自己的心不能被这些亲情系缚住。如果被系缚住了，就不容易解脱，就会在这些境界中过不去。过不去，就没办法用功。其实，在一个道场中也好，在社会上的单位里也好，在学佛小组里也好，可能人相处的时间长了，几个人特别好，不知不觉都会产生障碍，产生修道的障碍。同行道友间的这种人世间的感情，还没办法体现到佛法上来，这是要特别注意的问题。

七 认识与被认识

一个人在世间为什么会受到种种的局限，感到不自在、不自由，有种种的限制呢？这是因为人都非常容易自己装饰自己，自己包装自己。什么意思呢？现在这个世界，包装是一门学问，一门很深的学问。你看有的人送礼，包装比里面的礼物还贵重。人也一样，不知不觉就注重包装了，最后自己就被装进包装盒了。人心里如果有这种作意的话，就被装在自我设置的一个外表、一个形象的包装里了。你认为自己在世间应该是一个怎样的形象，然后你刻意去追求那个形象。对于不学佛的人、世间的人，怎样化妆打扮，这是外在的包装；还有一种内在的包装，就是自己的笑谈举止，应该怎么来表现，让别人觉得自己有素养，有学识，品行高——世间法就是如此。如果把这种作意带到佛门里来，他

如果我們常認為
自己的想法是最正確的、
自己的所作所為是最
恰當的，自己的選擇
是最
正確的、
時間
長了，
就會成
為一個一切
都以自我為中心的人
佛菩薩也比較不好度
見行堂語
恭錄恩師上學下誠
大和尚言教

就会想，自己应该怎么表示，应该怎么做，同行善友、法师才会说自己表现不错。从这点来看，他本身可能没有什么大问题，至少没有什么大错，但是内心更微细的烦恼就会出现并造成问题。为什么这么说？他看到一个包装得比他更好的人，他就难受了：“哎呀，他比我还厉害！”这就麻烦了，佛法就学不进去了。或者，他遇到一个一点也不讲究包装的人，他也难受。人内心烦恼的出现和它的呈现是非常微细的，根本察觉不出来，人不知不觉就被它困扰。

那我们该怎么办呢？我们学佛法的人必须要认识到这些世间的假象。自己也好，别人也好，你要知道这个相，知道它是怎么出来的，它的意义在什么地方，我们应该怎么办。我们对这个世界应该怎么认识？我们学佛法就是要认识世界，认识他人，认识自己，认识自己的心。如果我们对这个世界认识不清楚的话，我们就会被这个世界认识。什么叫作“我们被这个世界认识”呢？就是这个世界来定义你是一个好人，你就是一个好人；来定义你是一个坏人，你就是一个坏人。世间的名言概念、价值体系就来认识你。反过来，如果你心量无比广大，心包太虚，量周沙界，有广大心、慈悲心、大智慧，那么就是你来认识世界。你来认识世界和世界来认识你是不同的。

八 客观与主观

所以我们学佛法，就是要慢慢来认识世界的本质是什么，它的意义是什么。比如，大家坐在这里听课，你说："我坐在这里，今天精神状态很好，念诵也念得很好，听法也听得很好。"这时你的心、你的觉知已经感受到你的整个身心状态。这一念就是你的正见，正见一旦有了，就知道什么是对的，什么是错的，对错就是佛法的标准。你如果正见不具足的话，坐在这里坐久了就觉得："这么难受，又不能说话，又不能……"这就不是正见，正见就起不来。正见起不来的时候，整个身心、五蕴和合的各种各样的念头都会出来，色、受、想、行、识，各种心所——心理的活动自然就都出来了。

所以我们学习佛法就是从正见入手，然后非常清楚地认识到自己在做什么，最后能够明白"我是谁"。要认识到"我是谁"，首先要知道自己现在在干什么，然后才能慢慢对"我"有认识，对自己有认识。社会上就是在追逐这种相，农民也好，工人也好，学生也好，老师也好，居士也好，都是有相的。我们山上的工人也是如此，小工有小工的相，技工有技工的相，木工、油漆工、石头工……都有各自的形相。我们学佛法为什么说“要远离这些相”？意思是你不要受到这些相障碍，要超越这些相。一旦超越了这些相，那么，扫地也好，煮饭也好，洗厕所也好，

见作堂话
录恩师与诚
大和尚言教

不必去寻找
念头的起源，
寻找的这个
念头也是妄
想，好好把握
自己当下的一
念，让它具有
自利利他的
潜力。

一切都还没有注定

搬石头也好，就都是法。内心没有障碍，就是法；内心有障碍，就是烦恼。我们寺庙里，有些打石头的工人，已经是六七十岁的老人了，他们一天到晚干得很起劲，干得很欢喜，即使头顶烈日炎炎，也不觉得痛苦。你去问他们，跟他们谈话，他们可能讲不了5分钟、10分钟，也可能讲不出什么大道理，但是有一点是肯定的，他们内心没有什么障碍，这就是一种功夫。内心有障碍就是一种问题，有障碍的话，能力就发挥不出来。

所以我们要用一颗欣赏的心、欢喜的心、感恩的心、分享的心去对待别人的劳动，这是很重要的。如果不是这样的话，你认为某些人学问很高，某些人官当得很大，某些人很有钱……你对他们是一种心态，对一般人是另一种心态，这样就会有种种很复杂的心态。你有种种复杂的心态，是因为外在有种种复杂的境界，有种种复杂的外相。你对外在种种复杂的形相很在意，固然不对，但是，如果对外在种种的相一点也不留心，那也不对。对一切都麻木不仁，这也不是佛法的本意。佛法就是从相上来认识人的心，从心上来认识法，所以我们取相不对，不取相也不对。《金刚经》里讲："所谓佛法，即非佛法，是名佛法。"就是要用智慧来观照，知道有种种相，但是对你不会造成障碍，并且你知道怎么来处理。遇到石头了怎么办，遇到砖头了怎么办，遇到钢筋水泥了怎么办……这些都是相，要知道怎么处理，而同时不会影响到我们的心。这些只是建筑材料，推而广之，你的家庭、你的学校、你的单位，我们的民族、国家、世界，也是种种的相。因为大家很注重相，所以，众生相的出现就会此起彼伏，千差万别，就会引起种种的纷争、斗争，乃至战争，这都跟相有关。《金刚经》里讲，我相、人相、众生相、寿者相。“我相”就是自己，“人相”就是别人，“众生相”就是种种差别相。什么叫寿者相呢？寿者相不仅仅是说人活100岁，长命百岁，而且是说对世间的种种相有一个固定不变的认识，有一个恒常不变的认识，有常见。世间相本来是无常的，世间的种种相也是无常的，但是我们把无常相当作了常相，我们的认知就成问题了。

用现在的语言讲，佛法告诉我们的是客观存在和人的主观认识之间的关系。就是说，客观存在是外在种种的业感，我们主观是怎么来认识它的；我们主观在认识客观存在的时候，我们跟客观事物产生了关系，产生了交涉，这才是理智。而不是说，我们学佛法以后，就用佛法的这套名言体系来解释客观世界，最后却跟自己没什么关系。我们认识到了佛法，我们对佛法有信心，我们对佛法有了正见，然后我们就能够重新来认识这个世界，从而产生不竭的动力，这样对自己、对别人、对家庭、对国家都是有利的。如果动力产生不了，你的“见”就有问题，见修行果，你的修、你的行，肯定也都会出问题。所以佛法要落实到行持上，落实到人的身语意三业上。三藏十二部，就是为了印证我们正见的正确，而不是说我们断章取义，用这些作为讲说的一种工具，显示自己口才好，自己很会说，这跟佛法没有关系。

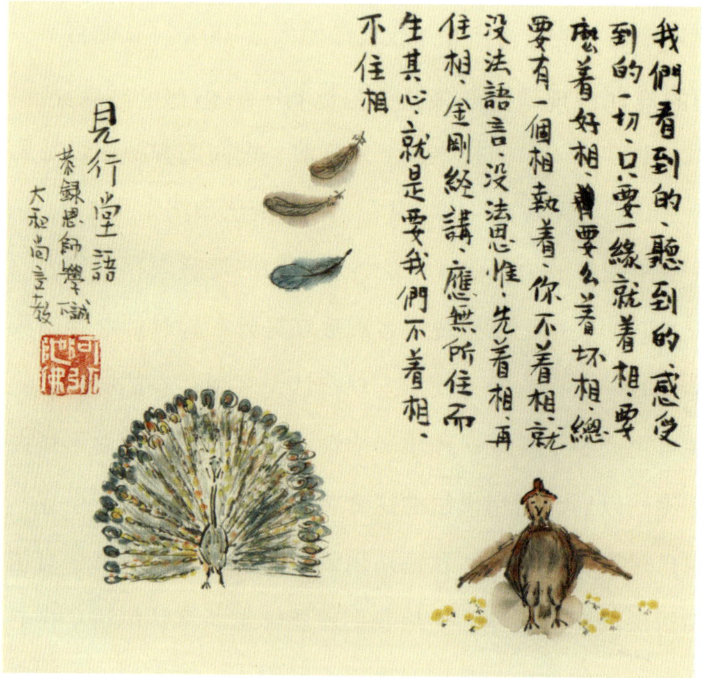

九 佛法的智慧

佛法的智慧有三种：现量、比量和圣教量。圣教量，就是我刚才谈到的，有三藏十二部；比量就是推理，理论的推理、因明的推理；现量是必须从人的修行——止观上修出来的一种智慧。我们要对经论、戒律、三宝建立信心，对圣教量建立信心，在行持上真正能够照着闻思修、戒定慧去做，有了佛法的现量智慧之后，再进行比量的推理。如果现量不能产生作用，那么比量的推理是没有意义的。但是现在很多人一定要学习什么大经大论，其实这都是在比量上用功，跟佛法，跟修行没有任何关系。另外，从哪一个法入手也是非常重要的，教理行果，入错就麻烦了。有些人教、理、行都不注重，就急求果相，那更不对，不可能得到，最后只会越走越远。我们的观点、我们的行为习惯，会深深影响一个人的一生，是很不容易改变的。比如我们在听法的时候，在很欢喜的时候，觉得某位法师、某某人讲得对，过了两个小时，烦恼起来了就又忘了，这是没办法的。所以要不断去熏习，不断去听，这样我们才能够不断去矫正自己的动机，培养深入观察和思维的能力，这是非常重要的。

我们的心是无形无相的，智慧也是如此，也是没有形相的。智慧是人的一种判断力——判断的力量。越有智慧，判断力就越强。正如我们讲“快刀斩乱麻”，就是说刀很锋利，切东西就很快。有大智慧，看见问题马上就知道怎么办；没有智慧，看见问题也不知道如何解决，或者根本没有看见问题，或者视而不见，这都不对，都是没有智慧、无明的表现。我们要超越对现实世界、对物质世界的兴趣，转到对精神世界的追求上来，这也就是我们学佛法的一个关键点。所有的相都是物质的，看得到的都是物质，人也是物质——血肉之躯，我们要超越这些，升华到对精神世界的一种追求、一种兴趣、一种信心。这就是着不着相的问题，在于本质还是在于现象，这是要去用功的。

如果我们认为自己是对的，别人是错的，这就不是大乘的发心，就是一个小我。学佛法只说自己有不对的地方，而不说别人有不对的地方。如果我们认为别人有不对的地方，那就是世间的判断标准，不是佛法的判断标准。这是因为我们内在有一个“我”在起作用，“我”在作怪，因为“我”会借助种种外在的境界、外在的条件得到反映。所以，诸法无我——人无我，法无我，就是要来破斥“我”。什么叫“我”呢？就是人的种种观念、人的形象、人的业力，聚集在一堆，假名为“我”。分析下去，就是色、受、想、行、识，本身是没有的，是假合的。我们把假合的“我”当成一个实在的“我”，并且把别人——假合的人，也当成一个实在的人来看待。这是世间法的标准，佛法不是这么认识的。

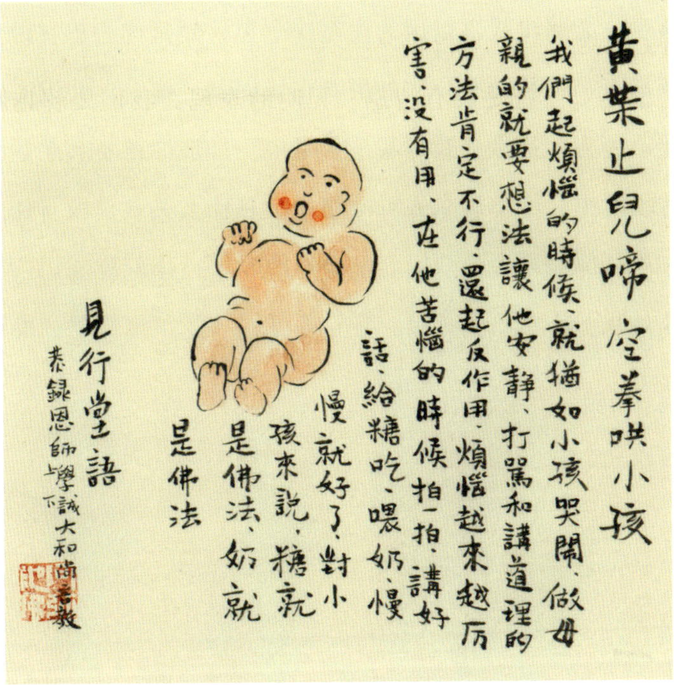
黃葉止兒啼 空拳哄小孩
我們起煩惱的時候、就猶如小孩哭鬧、做母親的就要想法讓他安靜、打罵和講道理的方法肯定不行、還起反作用、煩惱越來越厉害、沒有用、在他苦惱的時候拍一拍、講好話、給糖吃、喂奶、慢慢就好了、對小孩來說、糖就是佛法、奶就是佛法
見行堂語
恭錄恩師上學下誠大和尚教

我们要慢慢认识这些东西——我、法。比如，我有块手表，我有支钢笔，我有一部手机，这是你的念头，你在心里说，“我有这些东西”。实际上，你的人和这些物，人还是人，物还是物，手机还是手机，电脑还是电脑，只是把自己的身体和外在的物联系起来考虑，变成了一个观念：“我有一支钢笔。”所以心里就感觉我有一支钢笔，你就不能解脱。又或者我们发包，每个人都有一个包，你没有，“每个人都有，我没有”，那你心里就难受，心里难受不是因为没有这个包，而是你心里在说“怎么大家都有，就我没有”。如果真正认识到“你有，我没有，其实一样。因为你是你，我是我，包是包”，那你就不会起烦恼。在日常生活中，你都这么去看问题，没有什么关系，没有什么直接的关系，你就不会起烦恼。如果东西多了，你就说“东西是东西，我是我”；东西少了也一样，你就说“少了更好”，那就不起烦恼了。

十 培养乐观的心态

我要说的是一个什么道理呢？我们人就是对这些观念、名言和事物本身混淆不清，更多的情况下是受名言的支配。实际上很多外在的物质的东西，对我们来讲可能是不需要的，但是我们受观念的支配还是会去追求。观念对人的影响是很大的，我们怎么样来建立正确的观念是很重要的，这就要靠佛法的正见。如果没有佛法的正见，我们非常容易陷入一种悲观的状态——悲观主义。现在社会上种种问题的出现，根据我的看法，可能跟大部分人都是比较悲观的有关。不能说悲观好，也不能说乐观好，这种说法本身就是不对的。悲观、乐观，痛苦、快乐，都是人的感受，都表达了对未来的一种态度。人担心今后可能会不好，这就是悲观；人认为以后会更好，这就是乐观。

对我们修行人来讲，大乘佛法是培养乐观的心态，小乘佛法是培养悲观的心态。小乘佛法修无常——人命无常，这是从悲观的角度来激发我们积极的行为。大乘佛法是从乐观的角度来培养我们积极的行为，因为大乘佛法要度众生，如果我们天天悲观的话，怎么去度众生呢？就没有什么兴趣去度众生。小乘要厌离，要厌离这个世界，三界无安，三界一无是处，必须要悲观，世间的一切，不值得计较，不值得留恋，都是虚假之相，然后慢慢才有办法生起出离心，这就是我们对外相的一种反应。更重要的是，我们人——修行的人、学佛的人收到这个信号以后怎么办？收到悲观的信号、乐观的信号、积极的信号、消极的信号等种种的资讯以后，我们怎么处理？这很重要。如果处理不了，我们可能今天悲观，明天乐观，后天悲观与乐观混合在一起，痛苦也有，快乐也有，这就会很麻烦。乐观，佛法修行也是有快乐的，禅悦为食，禅定本身就有喜乐。有喜乐，有法乐，我们才能避免身心遭受各种各样的痛苦。我们如果在佛法的修行上没有得到欢喜和快乐——修行的一种快乐觉受，那肯定修不下去，越修越苦，那谁还修呢？肯定大家都不修了。所以我们一个法类一个法类绝对不能乱用，乱用的话就麻烦了。就像电脑中的病毒会越来越多，就像软件不能兼容，混杂在一起，这都是有问题的。

今天我们第一课要讲的意思就是，我们汉传佛教的教理行果和藏传佛教的见修行果是一致的，关键是要跟法师、善知识来学，而不是照着语言文字来学，要照人引导的整个心路历程来学，所以道次第在人的心上，而不是在书本上。

未来是假的、像
積木一樣，是由
各種各樣的因
緣組合起来的把
握自己手中
的積木、好好
去搭建它、
見行堂語
恭錄恩師上學下誠
大和尚言教

日常生活中、我們有多
少時間體會到這種無
常、無我的原理、是很難
的、我執我見非常深重
見行堂語
恭錄恩師上學下誠
大和尚言教

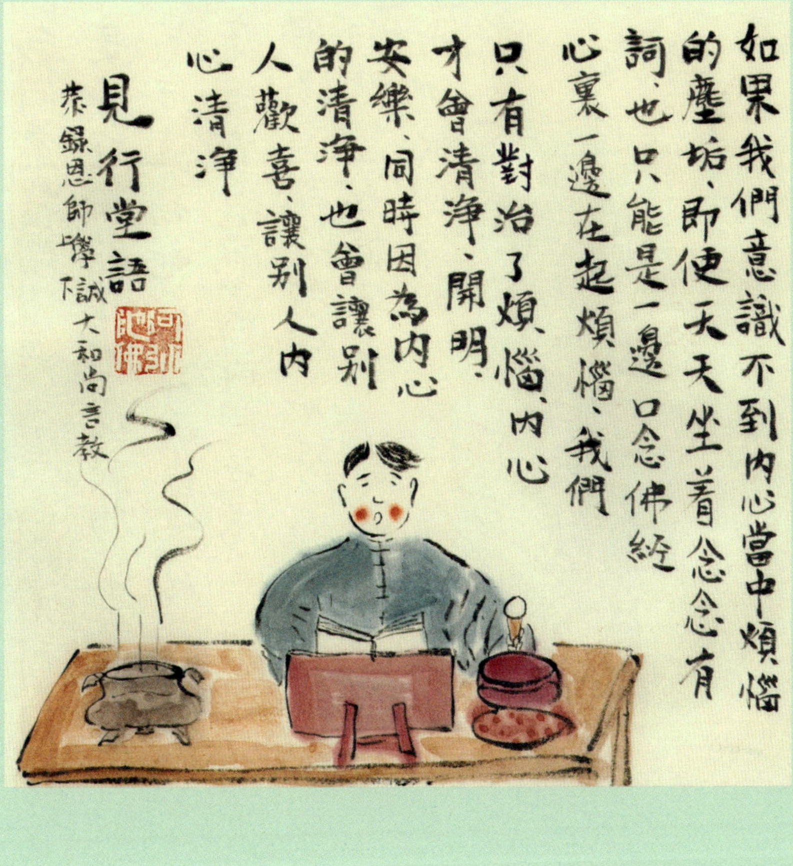
如果我們意識不到內心當中煩惱的塵垢，即使天天坐着念念有詞，也只能是一邊口念佛經心裏一邊在起煩惱，我們只有對治了煩惱，內心才會清淨、開明，安樂，同時因為內心的清淨，也會讓別人歡喜，讓別人內心清淨
見行堂語
恭錄恩師上學下誠大和尚言教

我們常常認為自己痛苦的根源
是外在給我們造成的、不容
易很真切地認識到所有的
痛苦在我們的內心、也不
容易認識到我們所有
的快樂也根源於
我們的內心、而
不是外在
見行堂語
恭錄恩師學誠
大和尚言教
囍

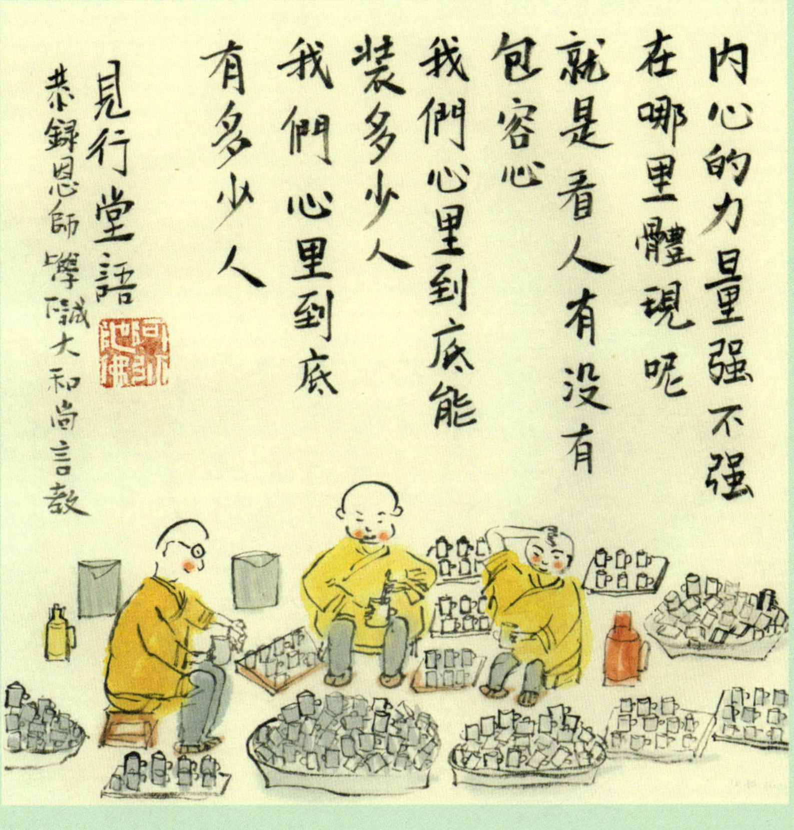
内心的力量强不强
在哪里體現呢
就是看人有沒有
包容心
我們心里到底能
裝多少人
我們心里到底
有多少人
見行堂語
恭錄恩師學誠大和尚言教

諸法從因緣而生、一切都是緣起、辦成
一件事情要很多因緣、要讓順緣具足
逆緣排除、才能辦得好、如果
只執着于好這件事、不考
慮其他的因緣、技術、条
件、逆緣順緣等等、那反
而就干不好、佛法里講
的空、不是空了就完了
而是以有空義故、成就
一切法、就是要成就世
間和出世間的一切善
法
見行堂語
恭録恩師上學下誠
大和尚言教

修行人只有在逆境當中才能產生道心 在順境當中容易產生執着
見行堂語
恭錄恩師上學下誠大和尚言教

我們容易拿一個大家都知道
的道理去反對別人、而這實
際上也不是你的觀點
他錯了、只能代
表他是錯的
不能證明你
是對的、他
跟你沒关
系、但我們容
易說、因為他錯
所以我對
見行堂語
恭錄恩師上學下誠
大和尚言教

達摩祖師的《二入四行論》、理入、行入
以德報怨行、遇到種種
的逆境、痛苦、都把它
當成修行、一般人都
會說、我對你怎麼
怎麼好、你居然
如何如何、這全是
世間的心態、不是
佛法的心态
見行堂語
恭錄恩師學誠
大和尚言教

皈依本身就包含了“我们相信三宝能够救护我们”，皈依本身就表示，我们许下了诺言，就要照三宝的教授、教诫去行持。

第2章

真正的皈依

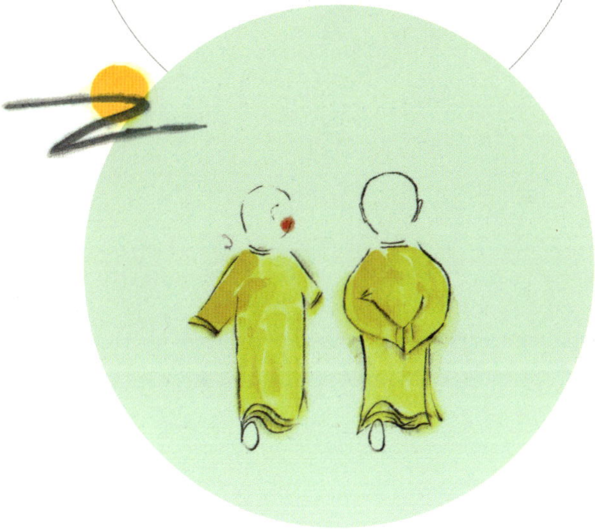

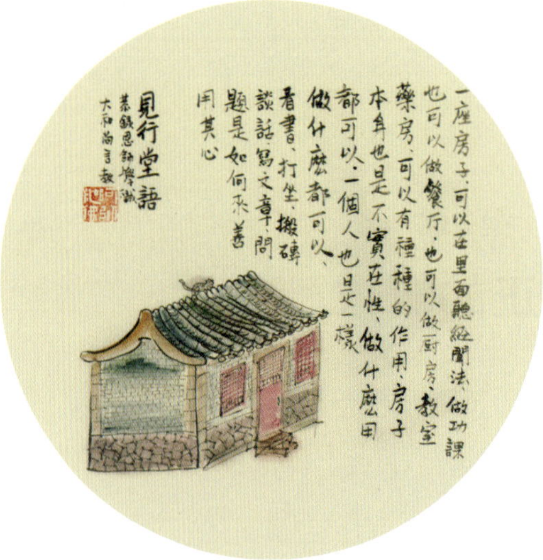
一座房子，可以在里面聽經聞法，做功課
也可以做餐厅，也可以做厨房，教室
藥房，可以有種種的作用，房子
本身也是不實在性，做什麼用
都可以。一個人也是一樣
做什麼都可以，
看書，打坐，搬磚
談話，寫文章，問
題是如何來善
用其心
見行堂語
恭錄恩師學誠
大和尚言教

一切都还没有注定

一　建立正见的重要性

今天我们进行第二讲。我们昨天谈到，无论是汉系的佛法、藏系的佛法，还是南传的佛法，无论我们学哪个宗派，哪部经，哪部论，或者我们平时听法，平时自己思维……正见的建立都是最为重要的。如果正见没有建立起来，我们的发心就不可能那么深切，在修道的过程中也会反反复复，容易一直迂回，在曲折的道路上徘徊。我们只有得到了佛法的正见，才能够用无分别心，用无所得的心，用诸法的无差别相来认识世界，才能够不被世间所有的名和相困惑。

我们在听经的整个过程中，或者在学佛的整个过程中，有些人是从浅到深，有些人是从深到浅。无论是从浅到深，还是从深到浅，其关键都在于怎么来认识这个问题，是从法的本身来认识，还是从我们的发心来认识，这是不同的。从法的本身来认识，正见是最深的。我们从最深的正见开始，以此为基础。这并不是说我们一下子就能够做到，我们可能只能做到一点点，或者说只能熏习到正见、菩提心这样一个名词而已，仅仅是其中的一小部分、一个支分，因为佛法是殊胜的，甚深的。从浅开始是什么意思呢？佛法包括世间善法、出世间善法。世间善法本身就非常多，如果我们从世间善法修起的话，可能这一辈子顶多也就做些好事，积一些好业。所以大乘佛法一开始就是要从甚深的、圆满的佛法着手、用心，但是我们在落实的时候，则要一步一步去落实。

我們所有思惟的法都是假的，真的法不可以說，不可以思惟，因為我們一思惟就都是名言，沒有名言就不能思惟名言都是假法，諸法空性不可說
見行堂語
恭錄恩師學誠大和尚言教

二 讨论的目的

我们听经，或者我们平常讨论、问答，主要目的就是要让我们内在佛法的力量越来越强大，内心对佛法的这些义理越来越清晰，时时刻刻能够保证自己正念分明。在印度的时候，常常有各种辩论。玄奘大师去印度取经的时候，也跟外道辩论。佛陀在世的时候，也有很多人找佛和佛的弟子们辩论。我国西藏地区过去就有辩经，当然现在也有。我们汉传佛法虽然没有辩经，但也非常注重义理的学习。我们常常说“宗门教下”，天台、华严、唯识、中观乃至戒律、净土，都非常注重教理的学习。禅宗就比较不同，禅宗是为了让我们开悟，让我们觉悟，让我们心领神会，它更加注重人的一些感性方面的思维，所以有“风动幡动”、棒喝等种种禅宗的方法，让我们感悟。在理论方面、教理方面，佛法就比较注重逻辑——内在的逻辑，我们内心只有根据内在的佛法的逻辑进行思维，心才不容易散乱。

在西藏有辩经，辩经是藏传佛教一个很重要的特色。辩经，一种是两个人对辩，一方提问题，另一方回答；还有一种就是立一个宗，跟人家去辩论，人家可以反问。这两个都是为了让佛法的义理更加清晰，更加明了，而不是我们一般所认为的辩论。很多社会上的辩论，往往是各说各话，文不对题。佛法辩论、辩经，首先是你的义理要符合佛法，你的行为也要符合佛法——就是你想说也不能乱说，它有非常严格的要求，让自己的身语意三业都能够完全符合佛法。通过这样的训练，人们对佛法的疑惑——一些不理解的地方、矛盾的地方，就能够得到解决。这样，人的智慧——闻所成慧、思所成慧，就会慢慢成熟。

如果我们在平时讨论的过程中带有一定的情绪，那本身就不对，就有很大的问题。我们跟人家讲佛法，人家不理解，反问你甚至质问你，或者不接受，我们就非常容易反弹。这样就不符合佛教慈悲心的特点，也有可能会造恶业。因为对方不听，对方不容易接受，我们的语言中可能就会带嗔心，语言中对对方的不包容，对对方的不满等情绪可能就会出现，这点我们要特别去注意。如果不注意，可能我们讲说的是佛法，但传递给人家的却不是。尤其我们各个学佛小组在讨论、带动的过程中，一定要注意这些问题。一开始我们就要把这些动机、意乐安立得比较正确，

如果我們認為自己的見解都是正確合理的
我們就不會去學習更好更合理的，既然
認為自己的觀念都是正確的
堅持就好，何必再
去學習呢，我們
只有認識到
自己的不足
才會去學
習，活到老
學到老，一旦
我們認為自己是
對的，是有道理的，用佛法的
話講就是一種執着
見行堂語
恭錄恩師學誠
大和尚言教

然后时时刻刻去对照。

我们过去学的《大乘百法明门论》，第一句话就说，“如世尊言：一切法无我。”这就是宗旨，最深——“一切法无我”，然后通过百法来分析“无我”。我们学《大乘百法明门论》，不是为了在心里有非常非常多的法，而是运用一个一个法来分析、说明，让我们觉察到所有这些东西都是空的，都汇归到无我，都汇归到正见，这才是对的。如果我们感觉到自己懂了很多很多的佛法，那可能我们所懂的佛法只是佛学的知识。我们学佛法，是为了来破除我执、法执的，而不是来强化我们的执着。这是根本不同的地方，就是从深到浅不同的地方。在理论方面，要从深到浅；在实践方面，也是以最深、最高、最圆满、最究竟的地方作为我们的目标，然后一点点去实现。

三　为何要皈依

学佛法的前提——皈依。皈依是进入佛法的大门，它是一个必经之路，是最重要的，是信佛不信佛的一个分水岭。请大家翻开《广论》到第98页，最后有一段，“因虽多种，然于此中是如前说，于现法中速死不住，死殁之后，于所生处亦无自在，是为诸业他自在转。其业亦如入行论云：‘如黑暗依阴云中，刹那电闪极明显，如是佛力百道中，世间福慧略发起，由是其善唯羸劣，恒作重罪极强猛。’诸白净业势力微劣，诸黑恶业至极强力，故堕恶趣，由思此理，起大畏怖，次令发生求依之心。犹如陈那菩萨云：‘安住无边底，生死大海中，贪等极暴恶，大鲸嚼其身，今当归依谁。’总为二事，由恶趣等自生怖畏，深信三宝，有从彼中救护堪能。故若此二，唯有虚言，则其皈依亦同于彼，若此二因，坚固猛利，则其皈依亦能变意，故应励力勤修二因。”

这就是我们要皈依三宝的原因，有两个：第一个就是对生死轮回、三恶道有怖畏之心；第二个就是相信、深信三宝有能力来救护我们，这是最重要的。“故若此二唯有虚言，则其皈依亦同于彼”。如果我们对这两点“唯有虚言”的话，“则其皈依亦同于彼”，那我们皈依就不是很真实。“若此二因，坚固猛利”，如果对这两点的信解非常猛利，力量非常强，“则其皈依亦能变意，故应励力勤修二因”。“亦能变意”，就是能够转变我们的心意，转变、改变我们的染污心为清净心。佛法讲六道轮回，我们在无明、黑暗中多生多劫，头出头没，无始无终，受轮回之苦，只有三宝才是真正的皈依处，只有三宝才有能力来救度。这就是我们皈依三宝的因，就是为什么要皈依三宝，走进佛门的两个原因。如果我们对这两个原因没有搞清楚，那我们不可能得到皈依的结果。没有因就没有果，所以在因方面如果非常恳切、非常圆满，那我们在修学、用功的过程中，得到的利益就会很大。

如果因方面一开始就没有，或者说一开始这个因就很小，非常微弱，那果也就会若有若无。

对三恶道的怖畏，就是很害怕会堕到恶道。平时，我们也遇到这样的居士，他很担心死了以后会不会堕到恶道里去，后一辈子能不能再做人，能不能再学佛。这种害怕、怖畏，要变成另外的心意：对恶道害怕之后，我们必须要更深切地学佛、行持。如果这种害怕转变为“三宝能够救度我们”这样的认识，我们就去落实，依教奉行，这种害怕是真正的害怕；如果我们没产生“三宝能够救度我们” 或者“我们下一步要照着佛法去落实”这样的认识，那我们对恶道的害怕还不是真正的害怕，其中很大的成分是对自己后生没什么把握。而我们今生对佛法的信心，对三宝的信心又不能树立起来，那这个因就不会圆满，就不及格，只有50分。对恶道的怖畏，打一个比方，夜里12点，一片漆黑，让你一个人爬到我们后山最高的地方去，你心里肯定会有点害怕。你对恶道的害怕应该比这更厉害，这样你才会担心。实际上我们对地狱、饿鬼、畜生道的害怕，更多的来自于经论上的描述，说地狱怎么怎么苦。实际上现在的人看到很多小猫、小狗，会觉得很可爱，不会觉得它们很苦。他或许还觉得人很苦，这猫还挺好的，这小狗也挺好，这小鸟也挺好，他不觉得畜生道有什么苦。

四　怎样皈依

实际上，我们说是这么说，但真正要生起这种心，可不是件容易的事情，非常难。为什么会非常难？这就是我们对皈依的体性，对三宝的体性认识还不足。我们皈依的时候，为什么自己要念“尽形寿皈依佛，尽形寿皈依法，尽形寿皈依僧”“自皈依佛，永不皈依天魔外道；自皈依法，永不皈依外道典籍”等，为什么要念呢？这是对我们所依止的殊胜的三宝境界的承诺，而不是因为好玩，念几遍，念完了就完了。我们一句一句地念了，就犹如世间的一个领导问“这件事情能不能做到？”你说“能做到，保证能做到，这工作能干好”。这是一种承诺、一种答应，这非常重要。如果我们皈依以后，忘记了我们的诺言，那就不是皈依。有些居士，皈依证几十本，一个庙一本，皈依了很多次，但他把皈依的诺言忘掉了，那都不算皈依。实际上，你在哪个地方皈依，是皈依的师父给你做证明，证明你对三宝许下了诺言。

你这里许下一个诺言，那里再许下一个诺言，天天给人家保证，就说明你的诚信很成问题。为什么我们每天要念皈依呢？就是因为我们容易把诺言忘掉，而如果忘掉的话，我们的身心、身语意就不能产生业力，不能产生作用，所以必须要把它记住。

皈依本身就包含了“我们相信三宝能够救护我们”，皈依本身就表示，我们许下了诺言，就要照三宝的教授、教诫去行持。

我们为什么不能皈依天魔外道呢？天魔外道本身也都是六道里的众生，但这种皈依所对的境是比较低劣的，无法跟三宝相比。就如我们在世间办一件事，你要借钱，肯定要找一个比你更有钱的人借，不可能找一个穷人去借钱，穷人自己都解决不了问题，必须是一个殊胜的境界才能够帮你这个大忙。我们皈依三宝，不仅仅是为了解决现世利益，还是为了解决恶道的问题。如果我们皈依仅仅是为了求一些平安，求一些现世的快乐和现世的利益，那我们依然无法摆脱轮回，依然无法摆脱恶道之苦。那不是皈依因，只是祈请佛菩萨、三宝能够让自己今生今世的日子更快乐一点，活得更好一点，这和皈依、学佛的本质是不同的，是不一样的。我们如果真正学了佛法以后，心态改变了，意乐改变了，那么这种快乐本身就不是世间法所能够比拟的了。我们要得到的是佛法的快乐，而不是世间法的快乐。我们皈依是尽形寿的，菩萨戒是尽未来际的，一直到成佛。尽形寿，就意味着我们从皈依的那一时那一刻开始，毕生都要去奉行。

五　专注的力量

我们平时所定下的这些功课，念经也好，缘念也好，都是不断地来串习法的力量。有了佛法的力量，内心才会平和，才会安全。内心平和、安全了，就远离了烦恼，远离了颠倒，远离了梦想，远离了忧愁，远离了苦恼，远离了障碍，远离了种种不安稳，就能体会到真正的快乐，体会到真正佛法的喜乐——这就是一种解脱。而不是说我念多少卷经，念多少卷论，做多少善事，后世或者说未来就能够给我换来多少快乐，这是世间做生意人的一种交换的心态，这是不对的。修法本身就是一直要串习这种心，这才是佛法。你把做生意的心态带到佛门，那样学佛法只会不断强化自己的执着，肯定不行。所以佛法上得到的快乐，不是要把外境搞得非常舒适、优雅，从外境上来获得快乐；佛法的快乐是通过与法的相应而得到的。我们通过平时的念诵，慢慢就能够观察，慢慢就能够思维——观察修，思维修。观察、思考我们所听到的佛法，我们所念诵的佛法的内容，这样就会在自己身心

黑暗是趕不出去的、只要打開燈、黑暗
就沒有了、人也是一樣、我們的智慧增
長了不起煩惱、外在的問題就沒有
只要起煩惱、再順的順境也都會變
成逆境、再好的境界也會變成苦
果 見行堂語
恭錄恩師學誠大和尚言教

中生起觉受——觉悟的感受，觉得佛法是很真实的。如果没有前面的这些念诵、缘念以及对法义的串习，你忽然说“我要来观察一个法类——暇满，观察一个法类——无常”，反正自己坐在这边想，一想自己有多好，飘飘欲仙，好像当皇帝一样，那就麻烦了，那全是妄想；要么你想恶道苦，想自己有多苦，苦得受不了，那也是不对的，是很成问题的，用功的下手处、用功的门道都是很成问题的。通过念诵培养我们思维的能力，培养我们观察的能力，这样，在日常生活中，无论我们的心缘到怎样的境界，我们都能够有专注的力量。因为内在能够专注，所以缘到外在的境界，也就能够专注。如果我们内在不能专注，那外境一多，肯定心就乱了。所以有些同学说“我不能做那么多事，做那么多事会乱”，这就说明我们的心还不够专注。

修行就是内心要面对这个境界——我们常常讲心对境，如果我们闻思、观察、思维的力量很强，对外面的境界观察得非常清楚、分明，就知道该怎么办。只有思维、观察好了之后，我们才能够安住，才能够安住修，才能真正在道场中住得安稳。如果没有通过前面那些非常基础的训练，我们是肯定不能安住的。不是说在家里或者在庙里，在佛堂里没什么事做，天天有经典看，有录音带听，你就能安住的，这是不可能的事情，那些都是外在

的助缘。真正能不能安住，是我们的心能不能住在法上。心住在法上是有层次的，如果要我们的心一下子就住在法上，而没有前面那些非常基础的用功——从皈依的因一点一点开始，那么这法就非常抽象。我们的心和我们人、我、法，完全是名言概念的对立，怎么能够相应呢？相应不了，无法相应。我们一天到晚，无论是行住坐卧，还是穿衣、吃饭、睡觉、工作，一旦知道自己在

做什么，内在就会有我执。我们学佛法，是要在行住坐卧、二六时中来体会佛法，来落实佛法。我们吃饭的时候食存五观，这就是佛法，在佛堂里拜佛也是佛法，经行也是佛法，你跟人家说话也是佛法……都是佛法。如果你在心中说“我要给人家讲法”，这本身就有“我”在起作用，就有“我”在作祟。“我要好好工作！”这也暗藏着一个“我”。

六 弥补内心的缺陷

我们遇到一件事情，起心动念，是用智慧、知识、经验，还是用烦恼来解决，这两种情况是不同的。我们学佛法的人，是用智慧来判断的。用智慧来判断，就是说我们怎么做是符合佛法的标准的——在义理方面符合佛法的标准，在行为方面也符合佛法的标准。我们常常说不能急求果相，我们不是要追求眼前的结果；我们是要来改善自己的内心，改善别人的内心——让我们的心越来越善良，越来越清晰，越来越明净，越来越圆满，这才是非常重要的！如果不是这样的话，更多的情况下我们是在比较。比较就会苦恼，就会有高下，就会有美丑，就会有种种不足的地方，种种的障碍就都出来了。

我们在日常生活中，如果一个人说，“哎呀！我缺个什么”——缺一台电脑，缺一部手机，或者缺几本书，缺每天有人给我讲法，缺每天有人跟我说话，缺几个要好的朋友一起做事，诸如此类，都是内心有缺陷的表现，内心有求的表现。有时候我们在庙里做事，让你做一点小事，你就条件一大堆：我要怎样怎样……有一大堆的条件，就说明你内心不圆满，内心有缺陷，内心有求。也就是说你需要这些条件才能做成这件事，实际上就是你内心有问题。有些人做事，他什么话都没说，就把事情办好了——心态完全不同。他能够想办法把这件事情办好，他知道怎么办。有些人就不一样，他遇到麻烦了就说“你给我想办法”，他自己不去做，这样内心怎么会有力量呢？所以，一个人能够感觉到自己内心是圆满的，他就能把事情做圆满；一个人觉得自己需要很多很多条件，他内心就是有缺陷的。有缺陷的话，即便你把事情做出来了，也是不圆满的。

世间法注重的是外在事业的成功，佛法是借外在的事业来磨炼自己的心。一开始我们就是菩提心，一开始我们内心就是一

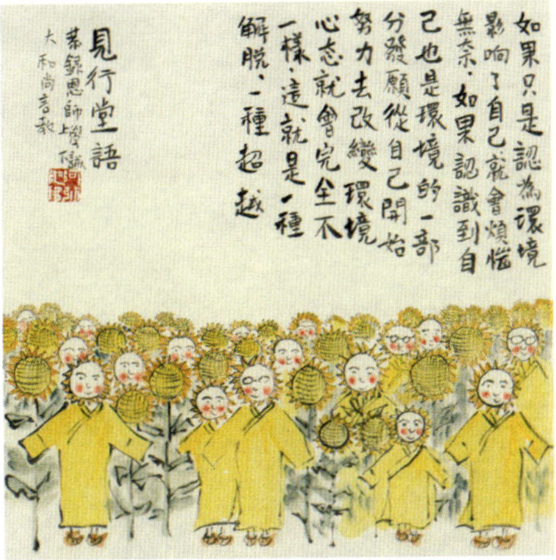
如果只是認為環境
影响了自己就會煩惱
無奈，如果認識到自
己也是環境的一部
分發願從自己開始
努力去改變環境
心态就會完全不
一樣，這就是一種
解脫，一種超越
見行堂語
恭錄恩師上學下誠
大和尚言教

种圆满的境界。内心是圆满的境界，外在条件自然慢慢也就圆满了，这是肯定的。所以我们平时在护持道场的整个过程中，遇到顺境也好，遇到逆境也好，都应该从内心来观照，而不能去指责外在的环境，或者说去埋怨外在的人和事。如果我们内在的这种缺陷弥补了，我们就会很坦然，就会很有力量，知道怎么样来组合各种各样的因缘。内心有缺陷，人与人就非常容易对立，非常容易分别，别人就不容易给自己帮上忙。所以时时刻刻我们都要对当下所发生的事情保持觉察的能力、觉悟的能力，确保当下都能够很好地如理作意。我们能够如理作意，做事情才符合佛法；如果我们非理作意，那事情做成了也不符合佛法。

佛法就是要我们不断去清除自己内心的尘沙无明、烦恼困惑，慢慢把它去掉，用世间的话来讲，就是减法。世间法刚好相反，是加法，一直在加，一直在增加，各种各样的条件一直在增加——增加得越来越多，困惑也越来越多，麻烦也越来越多，也就越来越不能解脱。这就是两者用心不同的地方，起心动念不同的地方。我们起心动念一直向正见，向空的方面努力，我们才能够自在解脱。如果我们念一堂经，做一件小事，吃一顿饭，或者做很小很小的事情都需要很多的条件，从早到晚，一年到头，你所看的都是外在的东西，你所注意的、所追求的都是外在的东西，那你的心怎么能安住呢？不可能安住。

七　培养念力

世界上所有的物质，从本质上讲都是一种能量，都是一种光明。人的身体也是一样，从最本质来讲，是一种能量，是一种光明。为什么我们看不到光明，而且也看不到别人的光明呢？就是因为有无明。有无明，有烦恼，所以我们内心的力量就被障碍住了，内心的智慧之光就被障碍住了，心光就被障碍住了。我们的身心就是一种光明，这种光明像电灯的光明一样，是无体质的，但它是有作用的。如果我们的业清净，光明就很明亮。我们一直在缘念佛法，在思维佛法，用心在戒定慧、闻思修上，这一切都是要培养我们内在非常强大、持续、内心等流的这种善的力量。如果我们这种力量很强，最后临终的时候，念头到什么地方，皈依到什么地方，就会朝着那个地方去。我们自己的心念在平时没有训练，都是断断续续的，时起时落，犹如一串念珠一样。一颗一颗念珠虽然都是好的，但是中间缺了一条线把它们贯穿起来。

一颗一颗珠子就如我们的念头一样，我们有很多的念头，但是内在需要法的力量，需要一条线把它穿起来，这串念珠才能用于念佛，才能发挥作用。

所以我们在修行的整个过程中，思维也好，观察也好，都是为了培养我们内在的念力。“三十七道品”里有四念处：“观身不净，观受是苦，观心无常，观法无我。”这是我们念头所要住的地方，也是培养念力。小乘佛法，他们也注重念力。念力的训练是非常重要的。归根结底，三大语系的佛教都是要回归到我们的心。

無常、無我是一切事物的本
質和真相，真相就是沒
有實在性，就是無我性
就是相互依存性，房子
沒有大地就造不起
來，房子周圍沒有樹
木就很難看，沒有
水、木、磚、水泥、沙子
等種種衆緣和合
它也建不起來
見行堂語
恭錄恩師學誠
大和尚言教

“观身不净”不是简单地说我们身上有很多肮脏的东西，“观身不净”本义是说，我们整个身体都跟无明烦恼有关系，不是说我们整个肉体本身的种种问题。我们肉体上的种种问题、种种缺陷是因为我们的无明烦恼引起的，是我们种种业的习气所引起的。我们的眼睛也好，耳朵也好，我们的六根会去缘六境——缘跟我们习性比较相应的境界，那都是我们的烦恼习气、业习气在起作用，而不是说我们身体本身有什么问题。也就是说，我们的身体是五蕴和合，是五蕴的积聚。我们身体本身，包括我们的心，都是各种各样的烦恼所堆积，所积聚起来的。

“观受是苦”，既然我们整个身体很大成分都跟烦恼有关系，那么我们很多的感受——正确的也好，错误的也好，从本质上讲都是苦的。虽然也有感官上的一些短暂的快乐，但因为它是无常的，所以它的本质也还是痛苦的。

“观心无常”，讲的是我们心念的瞬息万变。

“观法无我”，是指一切的不究竟，一切的不实在性。如果我们的念头、心念知道自己的身体，知道自己的感受，知道自己的心以及法的无我性，这样我们对世间的种种境界就不容易贪着，不容易嗔恚，不容易生无明，不容易骄慢，不容易怀疑。如果不是这么看待，那我们所有表现出来的都是贪、嗔、痴、慢、

菩薩見到衆生的苦、就是
自己的苦、人、我、衆生、佛
都是一體、看到
別人的
苦、就
是自己
的苦、看到衆
生相、都是自己的心
見行堂語

疑，都是邪见的支分。虽然有时候和某些人相处，我们并没有对他发怒，没有对他发脾气，没有骂他，但是你这种嗔心、这种无明，内心是有的。这样你对外在的人和事，心就打不开，烦恼就把你障碍住了，力量就发挥不出来。如果这种惑不解除掉，障碍就去不掉，那就不能解脱。

我们解脱，就是从心里解脱烦恼和业，心里解脱以后，还要外在解脱。我们的戒定慧是在一切的境界上都能够得到的。持戒也好，修定也好，智慧也好，要在任何境界上都能够有这种作用力。你说我在佛堂里能打坐，出了佛堂就不行，心就乱了，那不行；你说我在佛堂里听的是佛法，出佛堂就不行，出了寺庙就不行了，那我们佛法什么时候能够学会呢？不可能的，那是很难很难学会的。

八　佛法的价值观

所以我们在平时用功的过程中，对这种皈依心的培养，对皈依二因的培养，要不断地种因、不断地熏习这些因种，然后在日常生活中，我们慢慢就会感受到佛法的不可思议，就会受用。你感受到佛法的受用之后，就不容易感受到物质世界对自己来说有多大的受用了。如果追逐物质上的受用，那就跟佛法的原则，跟佛法的道是相违背的。世俗社会上的人是追逐物质利益的，他的快乐是建立在物质基础之上的。佛法是建立在精神世界中的，这是不一样的。当然也不是说我们不需要物质，只是说我们的注意力不同，我们的价值取向不同，价值观不同。

价值观，一种是自己的价值观，一种是别人的价值观。别人的价值观是什么意思呢？比如某个名牌，世界名牌，一个什么包，一块什么表，一部什么车，或者说一件什么衣服，大家认为你用这个东西很“潮”，你才觉得有品位。而用佛法的价值观来看，一块表只要走得准确就是好的，不管是什么名牌，这表走得不准就不好。这两种价值观是不同的。如果老去注意外在的那种价值观，自己就要不断去适应别人的要求，这样的话，佛法的力量、佛法的标准，就很难养成。我们要学佛法，就是要树立佛法的价值观，佛法说做这些事情有功德，做这些事情有意义，那我们照着这样去做才是依教奉行。一般的人，不学佛的人，都是需

用功就是用心
見行堂語
恭錄恩師上學下誠大和尚言教

要外在装饰的人，需要社会给自己一个名分。说你这个行，你就感觉自己这个行，大家都认可，大家都说某某人不错，通过外在来成就自己的一种自我感——自我感觉良好。佛法告诉我们，外在社会强加给你的自我感是不真实的。你看报纸上，一段时间说某某人怎么好，过一段时间又说这个人一塌糊涂。很多情况都是这样，这些都是无常的事情。佛法就不会，佛法的标准是不会变化的——2000多年来一直没有变化，一直是从人的心，从人的行为上来看待的。

外在社会的价值标准是根据社会层面来判断的。某一段时间说要节约，说这是我们中华民族的优良传统；过一段时间又说要扩大内需，家里的电冰箱、电视机，还没坏就得换掉。有一次开会，我遇到一位领导，就问他："这个问题怎么办？怎么来解决？"他跟我讲："在家里，对自己的孩子、家人，要教育艰苦朴素；对社会上则讲要扩大内需。"所以一个时期和一个时期是不一样的，现在不扩大内需，我们的经济不能发展，就会导致失业，社会就不安定。可浪费资源，浪费能源，浪费物资也是个问题啊。世间很多东西是很难调和的，只能取其一——标准不一样。以家庭的标准或以国家的标准考虑问题，出发点不同，最后的答案也就不同，结果也不同。所以我们学佛法，就要慢慢培养，使自己内心有佛法。内心有佛法自己就有价值，自己就是非常充实的，非常完整的，非常圆满的，这样就不会觉得有什么缺陷。我们培养这种力量的日的，就是要淡化，放下对外在事物的追求和执着。一个人只有在真正停止了对外在事物的追求和执着的时候，才能够真正开始修道，才能真正觉察到自己的执着，才能真正觉察到自己对外在追逐而不得时的那种痛苦、那种悲哀、那种焦虑，以及由此所引发的种种世间的纷争和冲突。

见存堂语 恭録恩师上智下诚大和尚言教

放下就是要即刻放下。修法就是要放下，放下万缘，放下内在的执着，放下我们内心六尘的影子，全部要把它放掉。你说我要把这些道理都想通了，都想明白了，然后我慢慢再来放下，你不放下，一辈子都学不明白，学到何时才能够学得明白。

这些都是我们学佛法要去注意，要去体会，要去感受的。当然，也不是说学了佛法以后我们要完全跟世界对立，不是那么回事。学佛法只是要你看得更清楚，能够超越——你只有认清了，才能够超越，才不会被它绑住，被它束缚住。因为我们多生多劫在这世间轮回，世间法所告诉我们的就是这样一套方法：你从小读书，要找到好的工作，赚钱，买套房子……到最后慢慢地人就老了、死了，世间的成功就是如此。我们要解脱，要学佛法，是另外的一种方法，从内心来培养一种更强大的力量，使内心更加圆满、更加祥和、更加快乐。我们有这种力量，有这种作用力，就能够创造出更好、更圆满的世界——人间净土。所有的这些都要回归到佛法的本意，回归到佛法的原则，回归到佛教的基础，回归到一真法界、六道轮回、恶道苦，以及对三宝的信心。

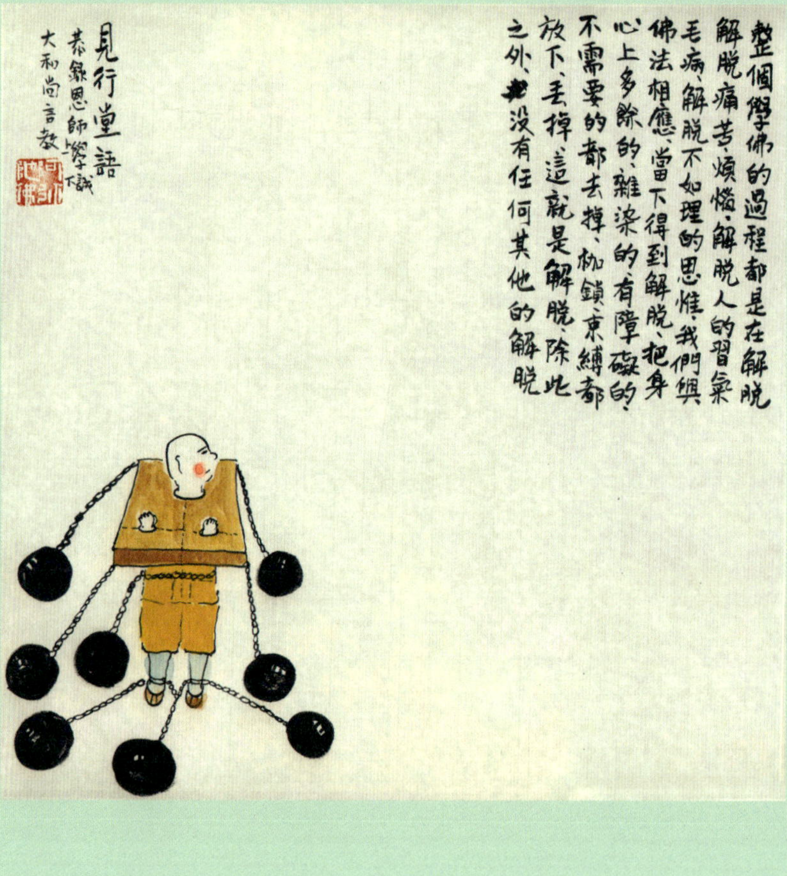
整個學佛的過程都是在解脫
解脫痛苦、煩惱，解脫人的習氣
毛病，解脫不如理的思惟，我們與
佛法相應，當下得到解脫，把身
心上多餘的、雜染的、有障礙的、
不需要的都去掉，枷鎖、束縛都
放下、丟掉，這就是解脫，除此
之外，沒有任何其他的解脫
見行堂語
恭錄恩師上學下誠
大和尚言教

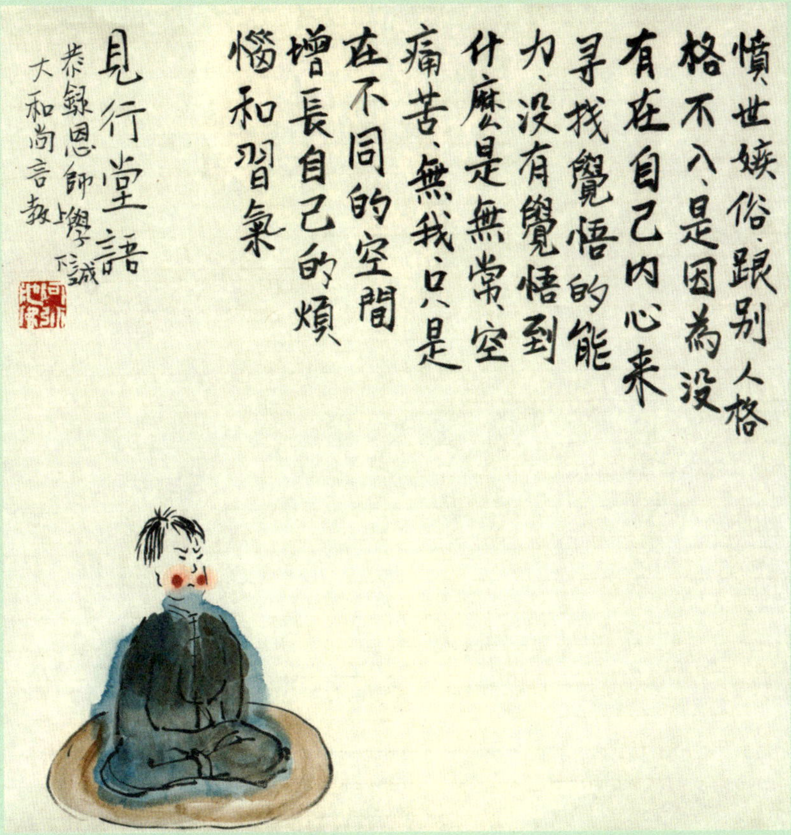
憤世嫉俗、跟別人格
格不入、是因為沒
有在自己內心來
寻找覺悟的能
力、沒有覺悟到
什麽是無常、空
痛苦、無我、只是
在不同的空間
增長自己的煩
惱和習氣
見行堂語
恭錄恩師上學下誠
大和尚言教

我們人一天當
中、眼見、耳聽、
吃的、呼吸等等
非常多的信息
通過我們的
眼耳鼻舌身意
來采集、心里不斷
地隨着變化、起
伏、動蕩、根本
自主不了
見行堂語
恭錄恩師上學下誠
大和尚言教

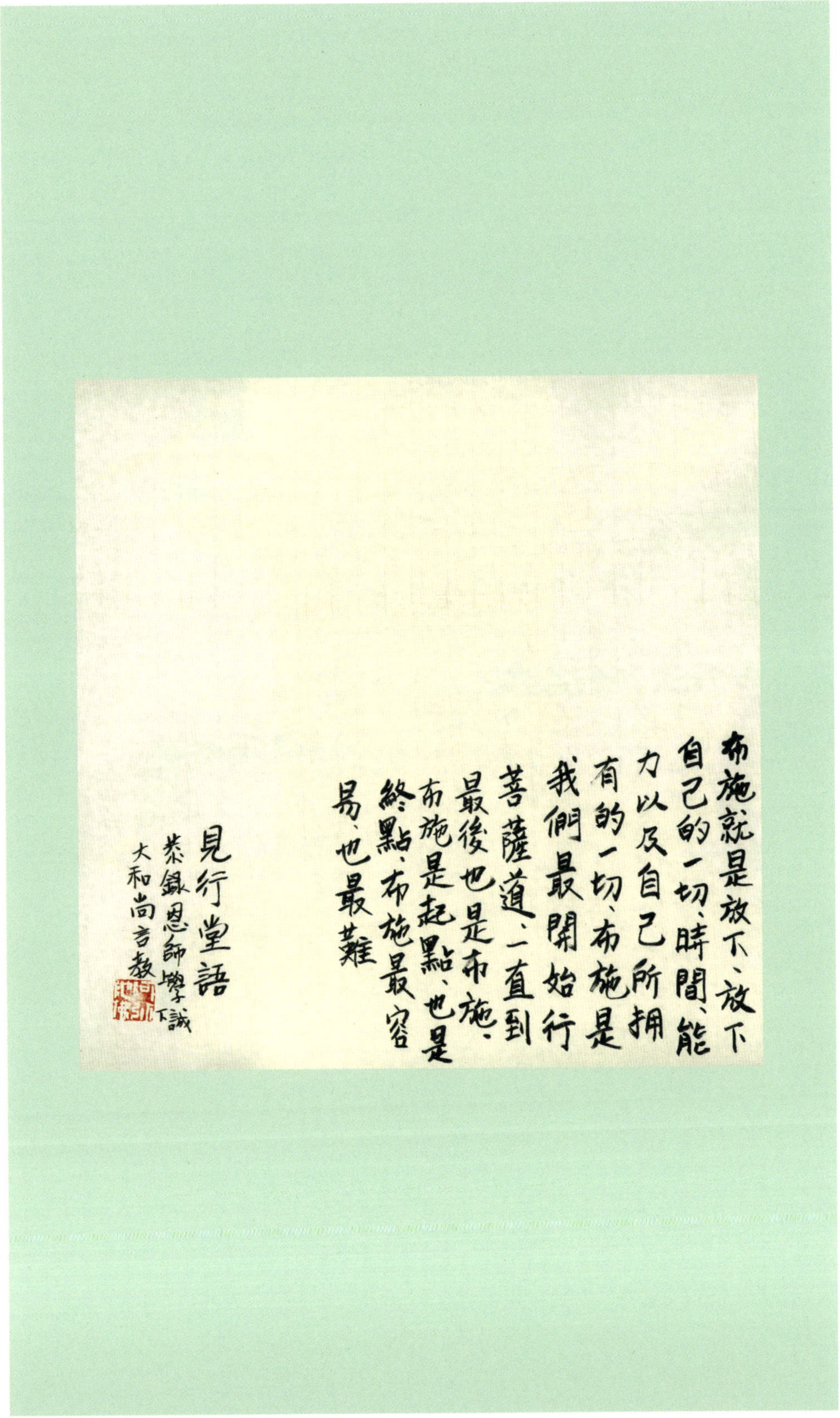
布施就是放下、放下
自己的一切、時間、能
力以及自己所擁
有的一切、布施是
我們最開始行
菩薩道、一直到
最後也是布施、
布施是起點、也是
終點、布施最容
易、也最難
見行堂語
恭錄恩師學誠
下
大和尚言教

時間是不能儲
存的，要抓緊一
切時間去做利
人的事，培植
福慧資糧，不
然的話，就會
坐以待斃
見行堂語
恭錄恩師
大和尚言教

越是給你境界的人、越是給你境界的事、越覺得是考驗自己的戒定慧・讓自己種福田、成就功德、能够這麼作意、你就不一般
見行堂語
恭録恩師上學下誠大和尚言教

我們常講觀照，觀照有能觀照和所觀照，分析和被分析，從佛法的觀點來講，對象都應該是我們自己，自己的心，反過來就麻煩了，其他外在的人、事、物都是我觀察的對象，就對立了，變成我是主觀的，環境是客觀的，這就是世俗的觀點，佛法的觀點，主觀、客觀分析和被分析都是自己

見行堂語

恭錄恩師上學下誠大和尚言教

常修慈悲觀、要能夠透過
一盘盘肉食、看到它背
後、那些被殺衆
生的仇恨
和眼淚、方
可從根本
上斷除食
肉之心
見行堂語
恭錄恩師
大和尚言教
上學下誠

学习、工作、修行是一心的，修行、学佛不妨碍工作，你把工作做得好的业，回向到无上正等正觉，回向到成佛，你工作还是会很好。

第3章

念死门中勤修皈依

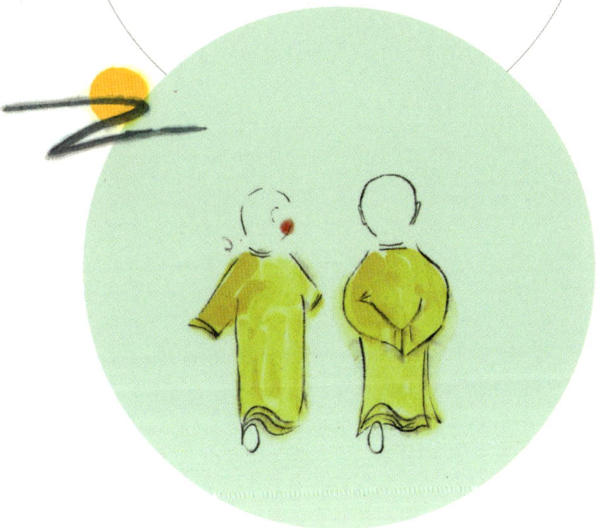

我們看到別人的痛苦、有時候會有同
情心、憐憫心、慈悲心、可是看到自己看
不慣的人、看不順眼的人、
剛好相反、活該、多受
一點苦、幸災樂禍
如何來判斷有沒
有慈悲心、慈悲是
沒有條件的、實際
上、人都是自己的一
種情緒、佛法要培
养的是時時刻
刻都是慈悲心、讓
慈悲不斷增長廣大
見行堂語

一切都还没有注定

一 道次第的目的

道次第的目的是解脱、成佛。成佛，是究竟的目标。解脱，整个过程都是在解脱——解脱痛苦是解脱，解脱烦恼也是解脱，解脱我们的习气、毛病，解脱我们不如理的思维……这些都是解脱的范畴、解脱的过程、解脱的支分。我们与佛法相应，当下就能够得到解脱，并不是一定要等多久才能够得到解脱。解脱就是把我们身心上那些多余的、杂染的、有障碍的、不需要的东西去掉。我们戴着枷锁，带着束缚，把这些一点一点去掉，放下来，那就是解脱了。除此之外，没有别的解脱之道。解脱有大的解脱——得大解脱，也有小的解脱；有暂时的解脱，也有究竟的解脱——究竟的解脱不会再退转。我们常常追逐的就是健康、长寿、平安。追逐健康，并不意味着人不会衰老，一样会衰老；追求长寿，一样会死亡；追逐平安，还是会遇到逆境，还是会遇到困难，还是会有不如意的事情。所有这些健康、长寿、平安，都不是我们人生的目的。我们跟佛法相应，才能够真正得到快乐，得到平安，得到吉祥，得到欢喜。

二 须要依靠道场

这种同佛法相应的喜乐在我们个人的经验中是很缺乏的，所以必须在道场里，与同参道友、法师们共修。由于这种加持力、这种氛围很浓厚，也就非常容易影响个人，帮助个人来提策内心的这种力量。个人的力量比较微弱，断断续续，不太稳固，这是因为我们跟佛法的相应无法做到任运，无法做到无间。能够做到任运无间，没有间断，我们整个人的状态自然就会很好。因为我们无法做到任运，无法做到无间，所以就更加需要固定的功

我們的內心就猶如一部相機，因為我們內在的心的
力量不足，內心的無常性，多變性，內心存在對
外在客觀環境的對立和懷疑，使我們所緣
的境全是心模糊的，如照相機攝取的全是
模糊的狀態，進入我
們的心相
也是模
糊的狀
態，這個
模糊的狀態去思惟就很難了，我們不懂對外
在有形相的東西是模糊暗淡的狀態，也會對
自己的信仰也是如此模糊
見行堂語
恭錄恩師上能下誠
大和尚言教

课——每天5堂功课，包括国庆节我们的共修——帮助我们内心产生这种力量。固定的功课就会有固定的时间、固定的场地，确保我们不会忘记，确保我们一天到晚能够有这样一个时间段来保证、提策自己的心同佛法相应。

刚刚学佛的人，或者说学佛学得不是很到家的人，就必须要有清净的所缘境——三宝、佛像、经典、同行道友，这些都是我们清净的所缘境。念诵也好，观察也好，思维也好，都非常需要清净的所缘境。所缘境清净才容易让我们内心清净，因为内心会随着外在的清净而得到清净。反过来就不容易做到，境界还不清净我们就很难用功。但是在大多数情况下，大部分人都是在一种既不是很清净也不是很染污，既不是很正面也不是很负面，既不是很积极也不是很消极的中庸的状态里，中性的境界里。在这样的一个境界里，人就非常容易无明，非常容易愚痴。就如自己一个人在房间里，家徒四壁，四面墙壁都是白墙，房里什么也没有，给你一个蒲团或者一把椅子，你坐在那里对自己的心，可能自己起什么心，动什么念，能够很容易看到。一小段时间，一个小时、两个小时、一周、两周可能还行，但是时间一长，就不行了，你就麻木了。

这就是因为境界没有对我们产生提策、辅助的力量。所以我们修道要有一个道场，要有人对我们引导、提策，这样我们才能够产生信心，产生虔诚心。我们一点一点去实践，才能够认识到自己内心的潜能是很大的，这样就不会认为自己现在岁数大了，没什么用处了。在世间，岁数一大，一到四五十岁，人就越来越感觉到自己岁数大了，没什么用处了。学佛法则不同，你岁数大对整个人生更加有体会，对整个人生的痛苦快乐，对整个人生的无常变化更加有体会，有体会就更加容易改变自己，也就更加容易用功，更加容易跟佛法相应。但如果岁数大的人不能与佛法相应的话，那他对佛法的知见就不容易接受，因为他在世间所受的各种熏习，接受的各种知识、经验以及本身的执着是很坚固的。所以我们学习佛法，无论是岁数大的人，还是岁数小的人，学习各有利弊，各有长短，都要看我们能不能转变自己的心意，改善自己的心意。如果你能够改变自己的心意，改变得快，改变得彻底，改变得究竟，你就是非常有力量的人，你就是学习佛法非常相应的人。圣贤之道，都是从内心下手，在内心用功。这样，我们的生命就不会浪费在一些无谓的事务上。可能不少人一天到晚忙忙碌碌，其实都是忙碌在一些生活的习惯中，体会不到佛法的含义。

三　莫向外求

如果我们内心有佛法的知见，行为能够跟佛法相应，那么搬柴运水就是道，就是法，佛法与世间法的区别就在这里。如果我们能够跟佛法相应的话，首先就会非常容易对治自己的懈怠。懈怠，本身就是烦恼。它是因为身心没有动力，造善没有力量，这就是烦恼，人懈怠了就会有问题。如果跟佛法不相应，我们的心往外驰，心往外跑，势必会造成乱攀缘的习惯。乱攀缘的习惯，对我们的道心是有妨碍的，对我们同佛法相应，对正知见的建立都是有害无利的。因为所缘境不明确、不专一、不清净，我们的心随着内心烦恼的习性往外缘，缘到什么就沾染什么，就相应什么，那就不是解脱，而是被缚住，被心外的境界束缚住，但自己还不知道心已经被那些东西束缚住了。

工作一天很劳累了，你说："我现在要去追逐一个安静的境界。"你把安静的境界、宁静的外在境界作为自己追求的目标。

如果真正認識到外境本身是無常的，那我們怎麼會產生常執呢，這種執取本身就是錯誤的，這樣我們就在這個境界上解開了就解脫了
見行堂語
恭録恩師學誠大和尚言教

当得到一个比较安静的境界以后，你觉得它比较适合自己。过了1个月、2个月、3个月，你觉得那里太安静了，就想找几个人说说话，到庙里去跑一跑，你就又要去追逐那些比较活跃的境界。在活跃的境界中跟人相处的时间一长，就会有很多是非、很多分别，你又会说这些同行道友不行，对自己学佛有很大的障碍，还是要远离一点好。你不断会有这些心里的毛病在作祟。实际上这些外境不是我们要追逐的目标，而是要去面对和改善的。我们修道就是要在这些顺逆的境界上来用功，来磨炼，来考验自己跟佛法相应的程度。我们对外在的这些东西会如此在意、比较和攀缘的原因，就在于我们对生命的本质体会不深，对无常的道理体会不深。

四　为何念死无常

念死无常，大家请看《菩提道次第广论》第75页的最后一段到第76页的第一段，大家念一下。

“第二，修习之胜利者。谓若真起随念死心，譬如决断今明定死，则于正法稍知之士，由见亲属及财物等不可共往，多能任运遮彼贪爱，由施等门乐取坚实。如是若见为求利敬及名称等世间法故，一切劬劳皆如扇扬诸空谷壳，全无心实，是欺诳处，便能遮止诸罪恶行。由其恒常殷重精进，修集归依及净戒等诸微妙业，遂于无坚身等诸事取胜坚实。由是自能升胜妙位，亦能于此导诸众生，更有何事义大于此。是故经以多喻赞美，《大般涅槃经》云：‘一切耕种之中，秋实第一；一切迹中，象迹第一；一切想中，无常死想是为第一。由是诸想能除三界一切贪欲无明我慢。’如是又以是能顿摧一切烦恼恶行大椎，是能转趣顿办一切胜妙大门，如是等喻而为赞美。《集法句》中亦云：‘应达此身如瓦器，如是知法等阳焰，魔花刃剑于此折，能趣死王无见位。’又云：‘如见衰老及病苦，并见心离而死亡，勇士能断如牢家，世庸岂能远离欲。’总之能修士夫义时，唯是得此殊胜暇身期中，我等多是久住恶趣，设有少时暂来善趣，亦多生于无暇之处。其中难获修法之时，纵得一次堪修之身，然未如理修正法者，是由遇此且不死心，故心执取不死方面，是为一切衰损之门。其能治此忆念死者，即是一切圆满之门。故不应执，此是无余深法可修习者之所修持，及不应执，虽是应修然是最初仅应略修，非是堪为恒所修持。应于初中后三须此之理，由其至心发起定解而正修习。”

修道 你認為一定
要如何才是修道
這本身就是一種
很嚴重的執著，有
的人非常容易執
著於某一點儀軌
形象、狀态，這也
是錯誤的，至少
是有偏差的
見行堂語
大和尚言教

念死无常贯穿了我们修行、修道次第的整个过程。为什么我们要念死无常？就是因为我们对无常的感觉，对随时可能死亡的认知不深。所以这论里讲，要能够真正生起随念死心。什么叫随念死心，什么叫念死无常？“譬如决断今明定死”，就是自己知道下午就要死了，一个小时之后就要死了，或者半个小时、10分钟以后就要死了，那世间再好的人，再好的东西，如自己的亲戚、朋友、财物，都是带不走的，唯一能带走的就是修行善念，只有这种业才能够跟随我们走。这样的作意就能够让自己精进，就能够对治我们的懈怠，对治我们对世间的种种贪着。也就是

说，我们不能精进，我们有许许多多的贪着，就是对念死无常这个法类没有定解。有成语叫“视死如归”“置之死地而后生”，讲的都是这个道理，是要我们有一种无穷的动力。

“一切想中，无常死想是为第一”，在我们的各种想中，无常死想排第一。因为这种想能除三世一切贪欲、无明、我慢。人都死了还有什么贪欲，还有什么无明，还有什么我慢？能够“顿摧一切烦恼恶行”“顿办一切胜妙大门”。所以念死无常也是非常积极的，不是消极的。有人说人死了还有什么可以用功，可以计较的？不是这个意思。念死无常的目的就是让我们内心有更强大的动力和善法的动力，来积聚资粮，承办利益众生的事业。

五 如何念死无常

这一段最后的总结中讲，“能修士夫义时”——能够修念死无常这个法类的人；“唯是得此殊胜暇身期中，我等多是久住恶趣”——我们会有很长很长的一段时间处在恶道里；“设有少时暂来善趣”——有少许时间来到三善道；“亦多生于无暇之处”，就是多生长在听不到佛法的地方；“其中难获修法之时”，就是我们能够听到佛法并修行佛法是非常难得的。如果能够听到“死亡也是一个法，并且是很重要的法”，这也很不可思议。不学佛法的人，一听到死就吓得不得了，谁要跟他讲死，他肯定把你臭骂一顿——尤其岁数大的。对小孩不能讲死，对老人也不能讲死。佛法就不同了，死是一个好的法类，观察不一样，对死的认识就不一样，内涵也不一样。

再看这两个“得”字。前面一个“得此殊胜暇身期中”，这是一个“得”；下边又是一个“得”，“得一次堪修之身，然未如理修正法者，是由遇此且不死心，故心执取不死方面，是为一切衰损之门。其能治此忆念死者，即是一切圆满之门”。这就是说我们虽然已经得到了暇满之身堪修佛法，但我们不能如理修正法，我们不能如法、如理去修，是因为“遇此且不死心”，就是我们不死心——不死心就是我们没有念死无常。因为我们没有念死无常，所以“心执取不死方面”，说我们不会这么快死，所以我们不着急，我们可以不用功，时间还长得很。这就是“一切衰损之门”，我们的功德就不能增长，你懈怠、懒惰、放逸，怎么能增长功德呢？只有衰损。“其能治此忆念死者，即是一切圆满之门”，如果我们能够提策念死无常，提策死的心，那情况就不一样了。

我们有念死无常，有死心，不是说“哎呀，我现在要死了，你不要来打扰我”，这样修也会出很大的问题。有些修行人就是这样子，他过头了，出离心过头了，就偏到二乘里去了。他觉得这世间的一切没什么意思，要死了，无常，出离，就会偏到二乘道里去，就不是大乘道。这些都是要注意的地方。

下面，“故不应执”——不应该执取；“此是无余深法可修习者之所修持”——不应该认为，佛法中好像没有什么法可修，其实光这个念死无常就很深；“及不应执，虽是应修然是最初仅应略修”——不应该执取这种观念，认为这个法是要修的，但它只适合初级阶段进修，所以略微修一修就好了；“非是堪为恒所修持”——不是我们永远要修习的；“应于初中后三须此之理，由其至心发起定解而正修习”——初、中、后，从菩萨发心一直到圆成佛果，最初发心，中集资粮，最后圆满佛果，都需要对“念死无常”有定解。

“故不应执”“及不应执”，这都是非常能够对治我们的毛病的。“故不应执，此是无余深法可修习者之所修持”，你不应该执取这样的观念，认为你是没有什么法可修了才来修这个仅仅是略修的、初级阶段进修的，而不是究竟的法类的。这完全是对佛法，对道次第体会不深的表现。

六 皈依心与念死无常

我们皈依心真切不真切，从某个意义上来讲，与念死无常体会深刻不深刻是有关系的。如果能够念死无常，那自然就比较容易提策我们的皈依心。如果我们的皈依心不是很真切，就会对无常死想这个法类体会不深。我们受皈依的时候，都是要尽形寿的——尽形寿皈依，尽形寿修行，尽形寿学佛。受菩萨戒要尽未来际，生生世世，尽未来际就是生生世世。我们无论受什么戒，都要先受皈依——受菩萨戒要皈依，受比丘戒要皈依，受优婆塞戒要皈依，受沙弥戒也要皈依……社会上不学佛法的人，做一件事情他不会说"我这一辈子尽形寿去做"，很少会有人一辈子都在很认真地做某一件事情。在社会上，人们到了60岁就要退休，你要做都不让你做；或者你看看有什么好的工作，经常换工作；学校里学的专业跟你在社会上工作的专业往往是对不上号的，自己想做的跟自己在做的也是对不上号的，很多人都是为生活、工作所逼，很难说自己真正很有兴趣做的事情能够一直做下去。佛法一开始就是尽形寿，尽未来际。因为世间做事多是为了今生的一些利益，为了得到眼前的利益，不是非常长远的利益。

佛法告诉我们，你要成阿罗汉，要成辟支佛，要成佛，没有尽未来际怎么能成呢？要成辟支佛，要成阿罗汉，你没有穷毕生的精力，怎么能做到呢？不可能！我们要集很多很多的善法资粮，这些善法资粮是需要一辈子去累积的，不是断断续续、浅尝辄止就够了的，也不是懂了几个佛教的名词、术语就够了的，它完全是实践的法门。建立佛法的正知见之后，在行动中落实、体现，这样它的意义、它的作用就非常大。

我们皈依之后，就要亲近三宝，“亲近善知识、听闻正法、如理作意、法随法行”。只有亲近三宝，我们才能够听到对治我们毛病、习气的佛法，才能够真正听到正法。听闻了正法之后，你去思维、观察，思维修、观察修，就产生智慧。产生智慧就能够有灭除烦恼的力量，有智慧就能够将世间万事万物、纷繁复杂的行相观察清楚。没有智慧，智慧不足，千头万绪就观察不清楚。

七 要真皈依

佛法里所谈到的戒定慧、经律论，就是要告诉我们这些。经是跟定有关系的，是配套的；定是跟修观、修止观有关系的，禅定、止观，都必须根据经来修观；戒是根据戒律、律藏，是跟人的行为有关系的。我们在讲说的过程中，跟人家讲解靠的是论藏，一条一条的，让人家好理解，好明白，好忆持，这就成了论藏。这是经律论不同的地方。经律论、戒定慧，本身又是互相含摄的，都是同我们的心有关联的。我们的心与佛法相应，与戒定慧相应，这些作用才能够产生。如果不相应，那么戒也好，定也好，慧也好，作用力就都产生不了。作用力产生不了，那么打坐也好，持戒也好，智慧也好，都是很难做到、很难拥有的。

我们内心有佛法，行住坐卧，吃饭喝茶，就都能够观想到三宝，忆念到三宝。任何时候，乃至命终的时候，死命因缘都不舍离三宝，我们的所作所为，所造的一切业都是为了供养三宝，承事三宝，积聚资粮，这样，我们的身心自然就不会懈怠，就不会放逸。而不是说，工作的时候，是为了你的单位，为了你的家庭；来到庙里的时候，是为了菩萨，为了佛。这是对立的。很多居士问："学习、工作、修行怎么来统一？"问的都是外行话。学习、工作、修行是一心的，修行、学佛不妨碍工作，你把工作做得好的业，回向到无上正等正觉，回向到成佛，你工作还是会很好。在世间读书、学习也是一样，把自己所掌握的知识回向到成佛，学习也还是会很好。到庙里来做事、培福，你也要做这样的回向。一旦你把学佛跟自己的生活、工作、学习对立了，你的心就四分五裂了。你的心是四分五裂的，那肯定很难受，那怎么来统一？这些都是知见上的问题，所以我们要很好地去矫正。

我们皈依佛，真正皈依才能真正成佛；皈依不真切，不可能成佛。内心对佛没有真切的渴求、愿望，你怎么能成佛呢？皈依法，真正地皈依法，很真诚地皈依法，然后才能法轮常转。你对法有渴求，拼命求，拼命学，那你得到的就很多，体会就深。皈依僧，你才能得到僧团的摄受；或者说你以后出家了，才能够组织大的僧团。如果没有皈依僧，只是一种独觉的心理，以后当不了大法师，这是肯定的。社会上说要跟群众在一起，跟群众在一起，人才会多。跟群众在一起如是皈依僧，去皈依一个集体。时

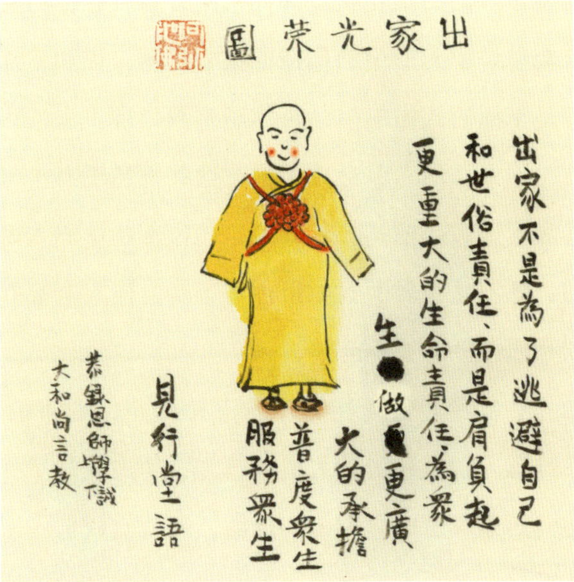
出家光荣圖
出家不是為了逃避自己
和世俗責任、而是肩負起
更重大的生命責任、為衆
生做更廣
大的承擔
普度衆生
服務衆生
見行堂語
恭録恩師上學下誠
大和尚言教

时刻刻把僧团里的事当作最重要的事，集体的事、团体的事、僧团的事最重要。团体的事、僧团的事就包括每一个人的事，这样你就会对每一个人、每一件事都很关心。

在社会上也是一样，你对众人的事情很关心，愿意去帮忙，那你以后不成领导也成领导了。你老是跟人家计较，老想出名，那你怎么领导别人，怎么出名？那就麻烦了，领导也看不上你。老想我应该怎么做，才能够得到领导的重视，得到领导的提拔，得到领导的另眼相看，那你的同行也会找你的麻烦。同行相欺，就会忌妒，无形中给你造成很多问题。你和下面的人抢功，工作都是下面的人做的，结果你跑到领导那里去汇报，说全部是你做的，那下面的人就会攻击你。这些都是没有平常心、没有皈依僧的表现。皈依僧了，就知道这工作都是下面人做的，都是别人做的，都不是我做的。如果你不争功，而大家都知道这工作是你做的，那你才很了不起。

平常我们说无相布施，三轮体空，要讲的就是这些道理。一旦落入到形相，功夫就不行了，功夫就浅了。一落入到形相，尤其要追求这些形相上的成就，那就变成世间法了。世间法为什么有那么多的人我是非、尔虞我诈？种种的手段，都是这样引起的，都是人烦恼的表现，都是跟佛法不相应的。我们如果对三宝这些功德有体会，然后慢慢把这些功德分享给众生，分享给大众，就会让众生、更多的人逐步进入到佛法里，也能够得到佛法的功德。

八　学大乘道

我们学《广论》，学道次第，为了成佛，发菩提心。本身我们这种名誉，这种名是很了不起的——佛子如何如何，菩萨如何如何。这种名誉，比护法神还高，比天人还高，比二乘还高。有了这样的学佛法的美名之后，我们行为的动力、内涵要跟上去，这样心态才会安稳。为什么有些居士或者有些出家人学不好呢？他觉得学佛这么久，或者出家这么久，受了菩萨戒，这么发心，还学不好，很惭愧！很惭愧怎么办？干脆就不学了！有相当多的人都有这样一种毛病。我们学佛，学大乘佛法，不是说一学你就全部都做到了，这是不可能的。少说我们也是佛子，佛子就犹如皇帝的儿子，犹如太子。要当太子，学的东西必须比一般平民百姓多，那以后才能当皇帝。一个太子什么也不懂，什么也做不到，以后怎么来治国理政？肯定不行，肯定受不了，受不了最后就会有灾。中国历史上，很多太子最后有灾，都是这个缘由。

我们学大乘道，同一个道理，名声很大。你不能说“现在庙里也没什么名”，菩萨的名最高，世间有什么名比菩萨更高？！菩萨本身就是美名，是至高无上的名誉。所以我们学佛法，慢慢都要从这些名言体系，从业的种子里去转换。你不能自己在学佛法，在用功，而说菩萨是假的，那就麻烦了。如果你说菩萨是假的，那你这个人也是假的。但菩萨之名是符合佛法原理的，是符合佛法的原则的，是我们要努力追求的目标，是我们想要得到的，这是非常重要的。所以我们必须要很深刻地体会到，六道的众生都在轮回，他们都是为了达到涅槃彼岸而发心发愿的。什么叫出离心？就是你的一种心愿，要出离六道、三恶道的苦。念死无常，这种死心、这种愿心真切不真切？有了这种愿心，就是出离心。出离心不是说我们要跟世界对立起来，自己一个人跟整个世界的人对立起来，那不是出离心，那出离错了！那人就得移民，搬到外星球去住，你就不是这个世界上的人了。过去有个别老修行，他什么人都不理，这样慢慢出离心就偏了。因为有出离烦恼、念死无常的愿心，所以我们内在有强大的力量推动自己走上觉悟之道、菩提之道。如果没有这种内在强大力量的推动，我们遇到世间五欲六尘的境界就不容易过去。

所以我们在一生中，无论活了20年、30年，还是40年，一直到老，都要非常认真地去审视自己的人生，去审视自己的学习、生活和工作。这就是说我们把时间、精力花在这里值不值得；过去哪些有得，哪些有失；未来我们该怎么办；在物质上，在精神上，我们是怎么考虑的。这些都是非常重要的。不学佛的人总是因世间物质的快乐、眼前的快乐，而诱发贪、嗔、痴。佛法刚好是要从内心来对治自己的贪、嗔、痴，从而有一个非常正确、非常善良的心态来面对物质世界，以及物质世界中所有的人跟事，这种快乐和在物质上所获得的快乐是完全不同的。所以，佛法能够滋养一个人和平、健康、快乐、安稳的心态。这种心态有了以后，我们负面的心态就没有了，负面的心态就被抵消了，情绪就没有了，内心就会很富有，内心就会非常充足，这就是佛法产生的正能量。

一般的动物都知道要有一个窝，要有一个睡觉的地方，要有同伴，要有这种安全感。这些要求一旦不能被满足，它就会去想办法解决。在想办法解决的过程中，遇到麻烦、遇到障碍了，它就会想办法去征服。也就是说，动物为的仅仅是眼前的、短时的、一生的利益。如果人也跟动物一样，仅仅为了眼前、一生的利益，遇到困难、遇到障碍、遇到麻烦的时候，我们也是带着一种征服的心态，那就不对，那就跟佛法的标准不相符。但这在市场经济的环境里就变得很正常，市场经济鼓励竞争，大家互相竞争乃至恶性地竞争，这跟佛法是不相应的。不过，恶性竞争未必能够得到安乐，未必能够得到最大的利益，往往后果是出乎意料的。

九　行为要跟上

我们学佛法，平时要非常注意自己的起心动念，在我们的心念中感受佛法的作用。什么叫作在心念中感受佛法的作用？举一个很简单的例子，比如中午11点，你家里要来10个客人，你要请他们吃饭。现在已经10点了，家里有没有米，有没有水，有没有菜……自然要想这些事情。如果不想，到时候客人来了，水也没有，菜也没有，你怎么办？你会很没有面子。这就是刻不容缓的事情。如果明天客人要到你家里来，今天你就要想好买什么菜，怎么煮，用什么碗……一切都要准备好。办法会也是一样，几百人、上千人，厨房里要准备好，要分几个组准备菜，提早将菜买回来，这些都是自然的、任运的，行为就要配套跟上去，这才是对的，才真正是我们内心比较明利的一种表现。

如果我们没有智慧，什么事情都到时候再说，那或许有些事情可以，有些事情就不行。你说自己不饿，到时候再吃饭，但管厨房的人就不能够到时候再说，到时候再说就麻烦了。我们成佛也是一样，要时时刻刻把它放在心里。对于这点，管过法会的人、管过事的人会更有经验。管法会，要知道开示完了该干吗，你就要想这件事情：人怎么出去，怎么进来，怎么保持安静，还没开始你就要很用心，这样才能把法会办好。我们也有同学负责小组里的事务，什么时候上课，你要很上心，自己怎么去准备，这些都是前行；有做得不够好的地方，赶紧去改进。

皈依也是一样。皈依、学佛法、修行、用功，都不是一句空话，也不是一个口号，有很多实际的内涵，有很多的行为上的要求，行为要跟上去。这样，我们的生命才能够有真正意义上的改变。如果我们的行为跟不上去，那生命就改善不了！生命只会越来越愚钝，而不是越来越明利。所以我们必须要用所有的时间、所有的精力、所有的注意力，去深入认识自己的心，从而消除我们的心与外在的人、事、物，与外在的种种境界间的距离、分离、障碍和隔阂。有隔阂，有障碍，我们的心对外境就认识不清楚。某个方面有障碍，这个方面的障碍就会影响到我们整个的思维体系。就如同我们的电脑，如果软件有一点病毒，其他的作用就都会受影响，甚至其他系统的功能都会瘫痪。这都是有可能的，因为它是一种毒，是一种烦恼。所以我们要用慈悲心去对待

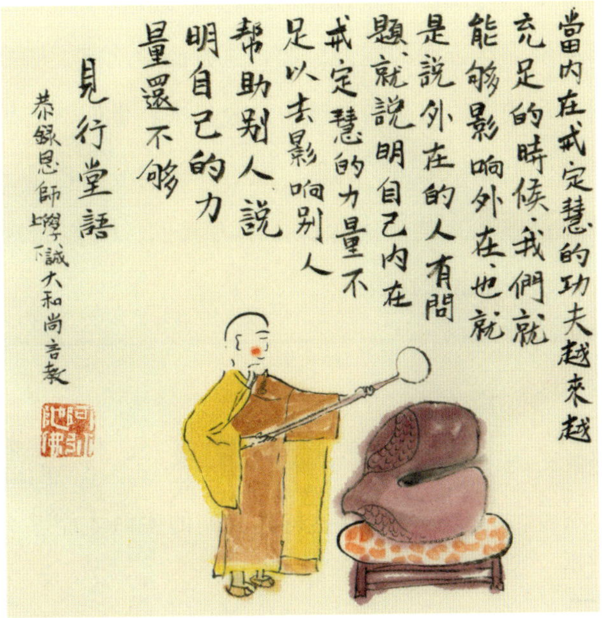

当内在戒定慧的功夫越来越
充足的时候，我们就
能够影响外在，也就
是说外在的人有问
题，就说明自己内在
戒定慧的力量不
足，所以去影响别人
帮助别人说
明自己的力
量还不够

见行堂语

恭录恩师学诚大和尚言教

一切，用智慧去对待一切。

我们用慈悲心对待一切，就不会说这个人怎么样，那个人怎么样；这个人很无理，那个人很胡闹；哪个人对你怎么不好；哪个人不用功……就不会看到别人一大堆的问题。如果在道场里看到别人的种种毛病，而内心不能化解，就说明你慈悲心不足；解决不了，只能说明你智慧不足，善巧方便不足。这样，你就要逐步去增强这方面的能力，增长这方面的功德，所以必须从种种世间名言安立的对立的枷锁中解脱出来。世间所有的得失、恩怨、是非、美丑、上下、高低、左右、前后……都是一种名言上的安立。这些名言的安立深深影响着我们，我们会以为哪一样是好的，哪一样是不好的。

认识世界、他人和自己的心。如果对世界认识不清楚的话，就会被世界的名言概念价值体系来认识你。反之，你的心量无比广大。慈悲心大智慧，心包太虚量周沙界，就是你认识世界。

见行堂语

恭录恩师学诚
大和尚言教

十 越烦恼就越需要三宝

这些就犹如《法华经》所谈到的“三界不安，犹如火宅”。“犹如火宅”，就是我们住的地方、我们整个身心像火宅一样。烦恼就犹如火，我们的身体就是宅，身心有烦恼，身心不能安顿，身心不能安稳，就需要佛法的对治，就要同佛法相应。你不能说，自家房子着火了，自己却不着急。自家房子着火了，自己都不着急那还得了？！自家房子着火自己不救的话，还会烧到别人的房子。人有烦恼也是一样，有时候自己起烦恼也会引发别人的烦恼。所以这就是为什么我们需要良师益友。没有良师益友的话，别人起烦恼，别人着火，自己一样被烧掉，那就很冤枉了。我们要想一想，房子着火了，用什么办法最容易把它灭掉：先要报警，拨打119，然后消防车才会过来。

我们身心起了烦恼，就要想到三宝，这样才有办法得救，原理是一样的。如果我们发现了问题，产生了烦恼，连三宝都无法缘念，都忆念不起来，那说明佛法离我们的心是很远的。不是说心情好了，心情愉快了，有时间了，我们才到庙里来体验一下，放松一下。那是不对的，那不是我们学佛法的本意。学佛法的本意是你越有问题，越苦恼，就越需要佛法，越需要三宝，而不是说“哎呀！我起烦恼了，下山了，不烦恼再上来”，那是不对的。下山你同样会烦恼，有烦恼的话在什么地方都会烦恼。有些义工在山上做一段时间就烦恼了，就跑回家，过段时间再来，那他修行怎么能进步呢？那是不可能进步的。

我们必须对佛法有一个非常正确、非常清晰的认知方式。这种认知方式，必须是符合经律论的，而不是自己坐在那边想象的。我们所有的想象都是假设的，都是假定的。比如你问他明天干什么，后天干什么，他如果没有计划，就会说别人怎么样的话我就怎么样——如果别人去干什么，那我也跟着去干什么；如果哪里有什么活动，我就去参加；如果出太阳了就出门，如果下雨就不出门……很多都是莫名其妙的假定，而没有真正说我要干什么。如果某件事情很重要，那么不管下雨、刮风、下冰雹，你都要去做。所以我们学佛都是决定的，不是假定的。如果你一生都活在这种假定的状态中，你的修为怎么会提升呢？这是不可能的事情。我们决定的事情，就要雷打不动，就要一直往下做。这样，我们的资粮慢慢就积到了，我们内心与佛法相应的程度也就越来越高了。好，今天就讲到这里。

如果一頭牛卧在地上
怎麼拉都不起來
那就叫固執
而在牛的頭上
放了一些青
草它拼命也
想要吃到
那就是執
着
見行堂語
恭錄恩師增信誠
大和尚言教

執着的原因、就是這個妄想再
去生下一個妄想、下一個妄想再
去生第三個妄想、所以就有
了無數的妄想、同樣、一個智
慧再生一個智慧、就越來
越有智慧
見行堂語
恭錄恩師學誠
大和尚言教

凡夫提到我，心中會有一種牢不可破的感覺，認爲有一個實有的、不變的、獨立的，有能動性的個體，當斷掉這個執着，就能脱離輪回。
見行堂語
恭錄恩師上學下誠大和尚言教

解脱就在當下
一念心
不在他方
他時
見行堂語
恭錄恩師上學下誠
大和尚言教

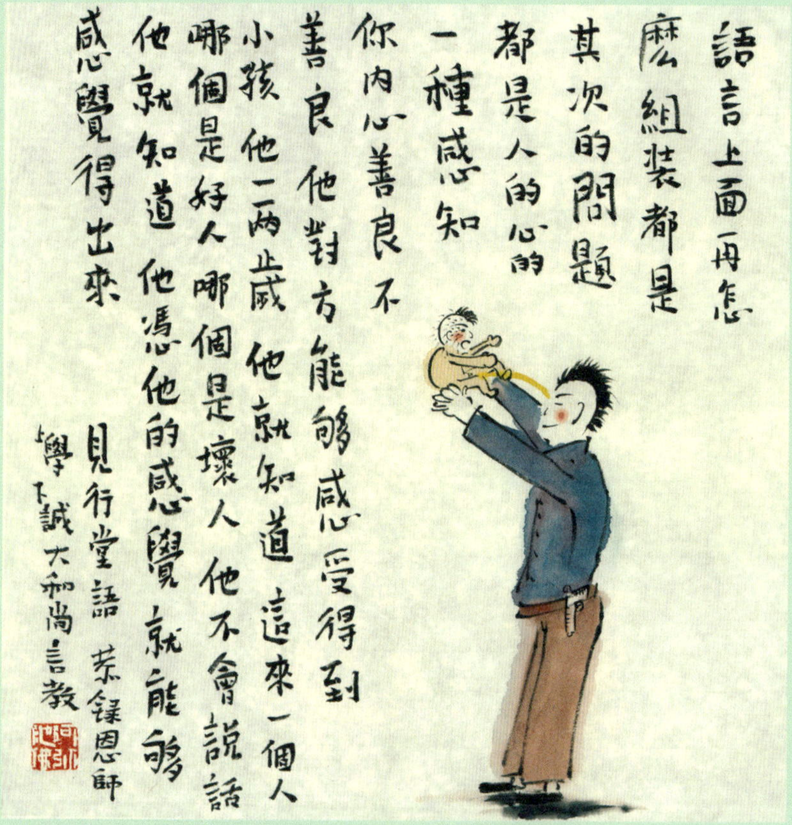
語言上面再怎麼組裝都是其次的問題
都是人的心的一種感知
你內心善良不善良 他對方能夠感受得到
小孩 他一兩歲 他就知道 這來一個人 哪個是好人 哪個是壞人 他不會說話 他就知道 他憑他的感覺 就能夠感覺得出來
見行堂語 恭錄恩師
學下誠大和尚言教

心常覺照
不隨妄轉
見行堂語
恭錄恩師上學下誠
大和尚新年寄語

能夠看到人有生老病死、事物
有生住異滅、成住壞空、世間的一
切人、自然、大地都是虛幻、我們
就可以認識到、體悟到事物的本
性、否則的話、我們就會去追逐
因為你把它當成真的、比如錢、
如果是真的就會去追逐、如果
是假幣、就不會追逐
見行堂語
恭錄恩師學誠
大和尚言教

樹立了正見才能入
道、入了道以後、就
需要經歷種種的
勞苦、才會有境
界和感悟、很不
一般的人生境
遇才會有非
常丰富的內
心世界、平平
常常的就不
容易有感悟
見行堂語
恭錄恩師上學下誠
大和尚言教

我们修行、用功，就是要来认知我们凡夫心起心动念的整个过程，以及它的状态、它的问题，同时要知道该怎么办，怎么来对治。

第4章

用智慧心观照无常

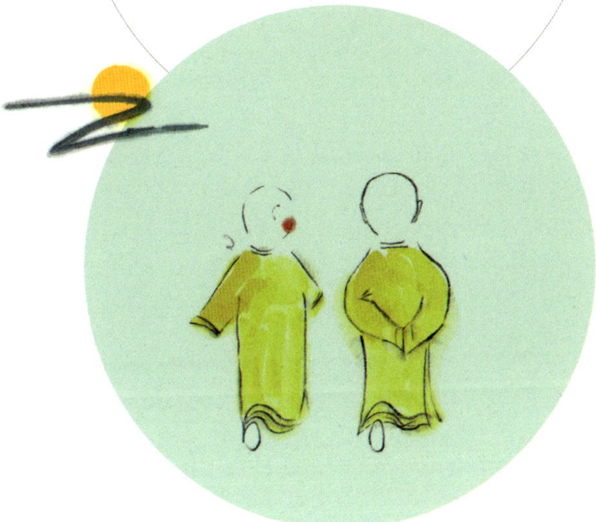

坐禪也好，念佛也好，持咒也好，都是
要保證我們內心的一種覺性，覺
悟，覺悟才能觀照，覺性泯滅
怎麼能觀照覺性存在，所有的
行為
都是
有意
義的
見行堂語
恭錄恩師學誠
大和尚言教

一切都还没有注定

我们修道次第——三士道：下士道、中士道、上士道。修下士道的目的，就是不堕落三恶道。一旦堕落到三恶道，就不容易听到佛法了。所以只有修好下士道，生生世世才能够有暇满的人身来听闻佛法。修中士道的目的，是因为我们在生死中轮回，一直随着业力在轮回，不能自主。如果修好了中士道，我们就能够得到解脱，在生死中获得自在。修上士道的目的，就是为了成佛，为了利益一切有情，为利众生愿成佛，然后来修行。所以三士道各有不同，一个是为了不堕恶道，一个是为了于生死中得自在，一个是为了利益有情，修道成佛。

一　天人的痛苦

六道——三恶道、三善道。恶道的众生很苦。三善道——天、人、阿修罗。为什么说天人也不是我们所要追求的目标呢？天人会有哪些痛苦，会有哪些问题？大家请翻开《广论》，看第168页最后一段，一直到第169页的倒数第2行，大家念一下。

“思惟天苦分二：欲天三苦。上二界粗重苦。今初

“初死堕苦中有二。死殁苦者，如云：‘诸天趣乐虽极大，然其死苦大于彼，如是思已诸智者，莫爱有尽天趣乐。’谓较昔受天欲生乐，将临殁时，五死相现，所起痛苦，极重于彼。五死相者，即如彼云：‘身色变为不可爱，不乐本座华鬘萎，衣服垢染身出汗，是于先时所不出。天趣报死五死相，起于住天界诸天，等同地上诸人中，传报当死诸死相。’堕下处苦者，如云：‘从天世间死殁已，设若全无少余善，彼无自在往旁生，饿鬼地狱随一处。’悚慄苦者，谓由有成就广大福聚及上妙五欲天子生

时，诸薄福天子，见已惶怖，由此因缘受大忧苦。斫裂杀害苦者，谓天与非天斗争之时，受断支节、破裂其身、及杀害苦。若断其头，即便殒殁，伤身断节，续还如故。驱摈者，谓诸具足强力诸天，才一发愤，诸劣天子，便被驱摈出其自宫。又如《资粮论》云：‘所有受欲天，彼亦无乐心，遭欲贪炽然，内火而烧煮。若诸心散乱，彼岂有安乐，非于无散心，刹那能自在。散逸扰乱性，终不能寂灭，等同有薪火，遍受大风吹。’又云：‘如病愈未久，食所不宜食。’

blog
觀音菩薩叫觀
自在，你自在，你
就自由，你不
自在你就麻
煩，你不自在
你就有我，你
自在，你就無
我
見行堂語
恭錄恩師上燈
下識大和尚言教

“色及无色上界诸天，虽无此诸苦，然烦恼随逐，有诸障碍，于死于住悉无自在，故彼亦由粗重为苦。又如《资粮论》云：‘色无色诸天，超越于苦苦，以定乐为性，住劫不倾动。然非毕竟脱，从彼仍当堕，似已得超越，恶趣苦暴流，虽励不久住，等同空飞鸟，如童力射箭，堕落为边际。如久然诸灯，刹那刹那坏，诸行变坏苦，仍当极侵恼。’

“如是思惟五趣六趣，总别诸苦，厌患生死意欲出离，便当观察其因，念云如是生死以何为因。”

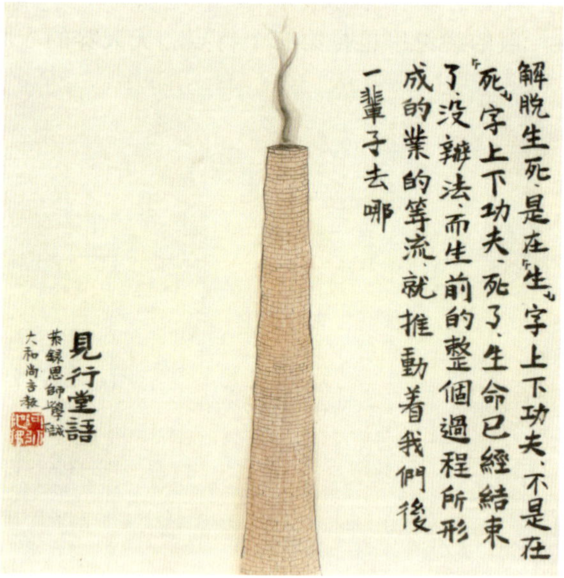

欲界天、色界天、无色界天，这三界诸天都有种种的痛苦。天人在欲界天中有五衰：“身色变为不可爱，不乐本座华鬘（mán）萎，衣服垢染身出汗。”这是欲界天的有情，在死亡的时候，有这样五个特点。这里的第三个特点“华鬘萎”，在其他经论里是排在第一位的。“华鬘”就是天人戴的帽子，这种帽子是用花做的，这种花不是人间的花，而是非常庄严的。“花鬘萎”就是说当天人要死亡的时候，这些花就会凋谢，天人看到自己戴的帽子上的花不新鲜了，枯萎了，就知道自己的寿命差不多了。

第二个是“衣裳垢腻”，我们这里写的是“衣服垢染”，这在一般的经论里也是第二个特点。天人穿的衣服不像人间的衣服穿了需要洗，天人的衣服永远不沾染尘埃，不会脏。当天人业报尽的时候，快要死的时候，他就会出现诸如衣服肮脏、衣服垢染的现象，这是第二衰。

第三个就是“身出汗”，在一般的经论里说的是“两腋出汗”“腋下出汗”，他平时是不会像我们人一样，天天身上会冒汗的，天人不出汗，他一出汗就说明要死了。

第四个是“身体臭秽”，在这里是“身色变为不可爱”。当天人要死的时候，身上就有很不好的气味。这种臭味出来了，就说明他要死了。

第五个是“不乐本座”。本来天人天天都是在禅定中的，忽然有一天他就坐不住了，入不了定了，这就说明要死了。这些是六欲天的有情，欲界天的有情，天人的五衰。

色界天的有情，“色及无色上界诸天，虽无此诸苦，然烦恼随逐，有诸障碍”。色界天有四禅，初禅天有火灾，二禅天有水灾，三禅天有风灾。火烧初禅，水淹二禅，风吹三禅，这些都是灾难，各种各样的灾难。火烧初禅就是说，在色界初禅天中，天人寿命将尽的时候，自己内在有无明、烦恼的火，这火不同于世间的火，慢慢就把自己烧死了。到二禅天的时候，就是发大水；三禅天的时候，就是风吹。这些都是天人的一些灾难，使天人也不得自在，有种种的痛苦。

这要告诉我们一个什么道理呢？就是说天人也不是我们的皈依处，天人也不是究竟处，天人也一样会死，也一样会有种种的苦恼，总之是不究竟的。这样我们对天人才不会有一种向往之心。日常生活中，对于天上的有情，我们总是觉得他们离我们这个世界比较近，因此比较有兴趣去了解。实际上，天上的众生只是造的善业比我们人要多，但他们要听到佛法，是非常不容易的，他们更多的时候是在世间的一种禅定的状态中。人道的众生——当然不是所有人都能够听到佛法，听到佛法的人也是很少

一般人認為『我』有一個實
實在在的東西，能夠主宰
自己，乃至主宰別人，這
樣子一個主觀意識里
的概念，實際上，人不僅
不能主宰別人，也主宰
不了自己，我們想讓自
己不要老，他也會老，想
讓自己不要死他也會死
想要自己不生病他也會
生病，無明就是不懂得
佛法的道理，不懂得什麽
是凡夫法，什麽是聖者法，
什麽是我，什麽是無我
見行堂語
恭錄恩師
大和尚言教

数的——听到佛法之后，能够很认真地去实践，就更加不容易。如果不能很认真地去实践，那是因为对生命的状态，对轮回的痛苦认识不清。

二 心是一种相续

我们常常讲人的心是一种相续，就如同河流的水一样相续，如同时间一样相续：1号、2号、3号……一直到30号，1月、2月、3月……一直到12月，到了30又回到初一，12月以后又是1月。人的心就像这一样，也是相续的。所以说人的心既不是物质，也不是物质的附属品、副产品，它本身就是一种相续存在。你说相续是什么？相续就是持续存在下去的状态。

人都有死的时候，天人会死，人也会死。人要死的时候，地水火风四大分离，心识却是相续的。我们的粗浅心——眼识、耳识、鼻识、舌识、身识、意识，前面的这六识停止；但人的微细心——七识、八识，还是无始无终地相续下去，持续不断地坚持下去。人的心中，再去投胎、再去转世的微细心，就带着前面的业、前世的业。

我们从无量劫以来所造的种种的业，都会在我们的心中，在第八识中流传，存在，一直带到后世。后世的出现，另外一期生命形态的出现，也都是因为我们的第八识——阿赖耶识中的这些种子的成熟。我们死的时候，是善心还是恶心，是很重要的；是善念还是恶念，是很重要的。如果死的时候是善心，我们就比较容易到善道；死的时候如果是恶心，就容易到恶道里去。我们平时的用功，也就是培养我们这种善心的力量、善法的力量，就是为了在死的时候，自己做得了主，能够有把握。人死的时候，要经过“中阴身”的阶段。中阴身一般有7天，最多49天，在这期

修行就要有勇悍
跟堅持就好比打
仗一樣要戰斗到
最後哪怕只剩
下你一個人
見行堂語
恭錄恩師上學下誠大
和尚言教
戒定慧

间，人的心识一直处于游荡、飘荡的过程中，他去寻找投胎的因缘。因缘具足了，他慢慢就会相续到另外一生。所以我们修行，修道次第，就是修心。我们现在人的身体好好的，神智比较清明，就开始修心，修我们的相续，知道自己是怎么相续的，是怎么持续的。我们在平时学习也好，工作也好，修行也好，做事也好，在日常生活中的所作所为，一切世间的部分，都能够用来对照和认识自己的本心。如果不能用来认识自己的本心，那么我们的心就非常容易向外跑，跑到这些要做的事情上去，那效果刚好是相反了。

三　一切都在变化中

我们不要以为自己年轻、健康、身体好，也不要以为外在的一切都是不会变化的、外在的一切都是很圆满的。实际上外在的一切都是会改变的，都是会变化的，都是无常的。因为我们认为外在的东西不会变化，所以就无所谓，就不容易去用心。比如，

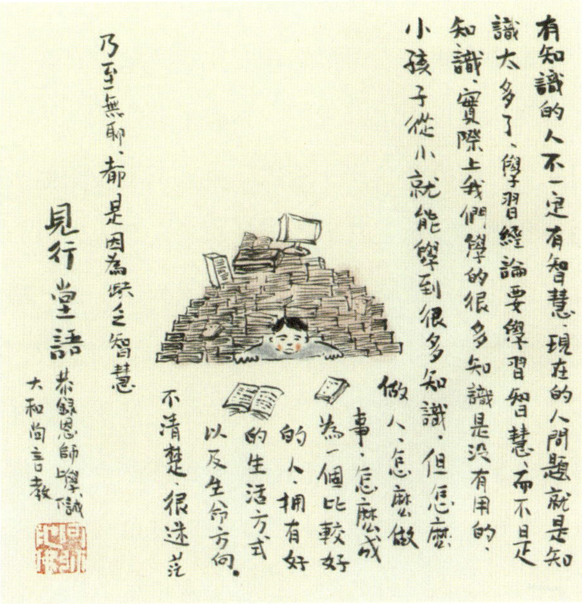

我们在这里共修，7天到了，你说“我要再修”，那是没用的，已经没得修了，时间到了就回去了，过了7号就结束了。你可能在这里念佛，你知道一天又一天地过去，但是这也是在变化的。可能一开始不适应，然后慢慢适应了，适应以后又结束了，你又要面对一个新的境界。

世界是在变化中存在的。我们的知识、我们的能力、我们的心态，要能够应对这些变化。人在变化——死了就是变化，生病了也是变化，人的情绪在变化，气候也在变化，种种的一切都是在变化的过程中。我们一旦有了常执，就不对了，就跟佛法不相应了。因为会变化，所以一个人穷不等于他永远就是穷人，因为会变化；一个人富不等于他永远是富人，因为会变化；你没文化，通过学习能够变得有文化，因为会变化，哪怕你现在文化水平再高，不学习，慢慢人也会退步。房子也会变化，5年、10年、20年，房子慢慢也会老化、出危险，你要去修理。人的各种关系也是会变化的，但是我们没有体会到这一点，你总觉得自己对别人怎么好，别人怎么会这样子来对自己呢？反过来，别人也这么想，第三个人也这么想，第四个人也这么想。实际上人的种种关系也是无常的，也是变化的，没有不变的。因为人会变化，所以人才会进步，人才会有各种各样的创意。

四　莫执着五蕴色身

我们都执着于自己的五蕴色身。什么叫作“执着于自己的五蕴色身”呢？他不会认为，今天的我、昨天的我、明天的我，变化有多大，他觉得这看不出来。看别人也是一样，看不出来人的身体——色蕴有什么变化。那么人的感受——受蕴也一样，他不太容易察觉到今天的感受、昨天的感受、明天的感受，或者说1个小时前的感受、现在的感受、5分钟后的感受有什么不同。对别人也是一样，别人种种的感受、别人种种的思想动态、别人种种的思维、别人种种的内心的信息，他不容易感受到——他不容易感受到别人五蕴的变化。

如果你能够感受到别人五蕴身心的变化，那情况就会不同。你能够感受到对方现在有苦受，知道他已经很难过了，你才会想用什么办法能让他不那么苦。你能够感受到对方现在处于一种快乐的状态中，你才知道应该怎么做。你能够感受到对方处于一种非苦非乐的状态中，你才知道应该怎么去对待。你能够感受到对方现在在想什么，他的行蕴，他的造作，你才有办法跟他交流，跟他沟通。你不知道对方现在在想什么，那你跟他说话，跟他交流，就变成打岔了。比如他现在刚好在思考问题，你非找他讲话，那人家就很反感，就起烦恼了。对于自己也一样，自己知道自己在想什么，自己在背书，或者在思考，或者在念佛，非常清楚，然后也能够清楚别人在干吗，这样我们才能了知自己身心的状态。

实际上，我们在大多数情况下对自己的五蕴——色、受、想、行、识的状态，是不了解的，对别人的更是不了解。因为不了解，所以会引起很多的问题、很多的麻烦。因为人心里所想的东西不同，心里的种种感受不同，境界不同，那么在沟通、交流中就很难相应，很难达到一个层次，很难达到一个平台。

所有这些，都需要我们去认清自己的心，去净除内心的种种业障。因为内心有障碍——过去造的业所留下来的影子，所以我们不能认清自心。我们净除业障，就犹如在田地里锄草。要种庄稼，就要把杂草锄掉，杂草不锄掉，庄稼就没办法种。我们要认识本心，我们要修行，就要净障——净除业障。净除业障还不够，把这些杂草锄完了，庄稼种下去了，你心发起来了，还要施肥，施肥就是要“积聚资粮”。如果没有资粮，你要发心也是很难的。只是施肥还不够，还需要阳光、雨露、空气等这些条件，这些都是佛菩萨、三宝的加持。只有这些具足了，庄稼才能够长好，我们人修行才能够修好，我们内心才有办法清净。所以这三点——净罪、积资、祈求，是不可缺少的，都是对治我们内心的问题的，而不是说我们天天在寺庙里说说而已，它实际上是非常有用的。

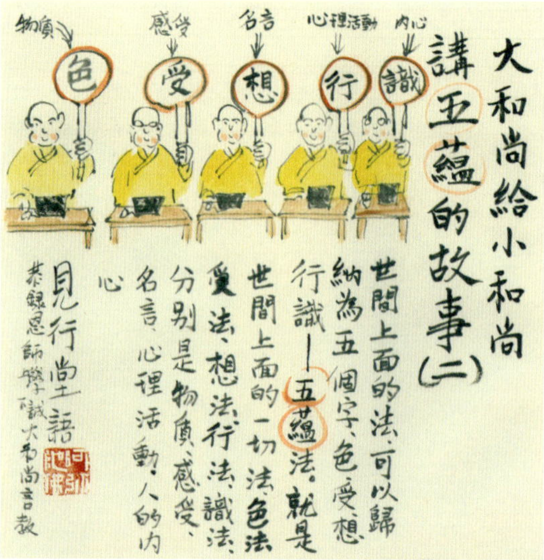
物質
色
感受
受
名言
想
心理活動
行
內心
識
大和尚給小和尚
講五蘊的故事(二)
世間上面的法，可以歸納為五個字，色受想行識——五蘊法。就是世間上面的一切法：色法、受法、想法、行法、識法，分別是物質、感受、名言、心理活動、人的內心
見行堂語
恭錄恩師學誠大和尚言教

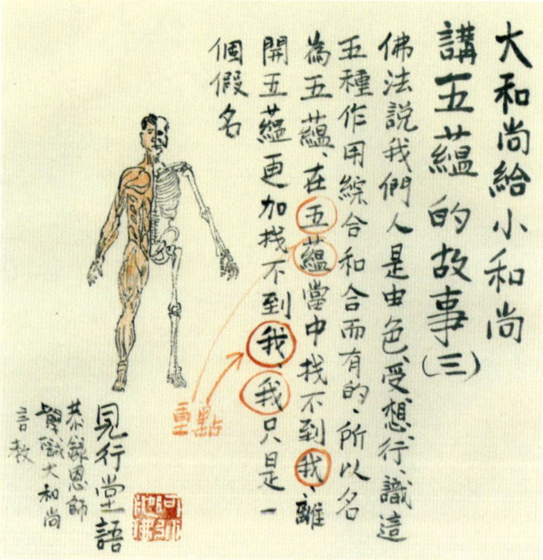
大和尚給小和尚
講五蘊的故事(三)
佛法說我們人是由色、受、想、行、識這五種作用綜合和合而有的，所以名為五蘊，在五蘊當中找不到我，離開五蘊更加找不到我，我只是一個假名
重點
見行堂語
恭錄恩師學誠大和尚言教

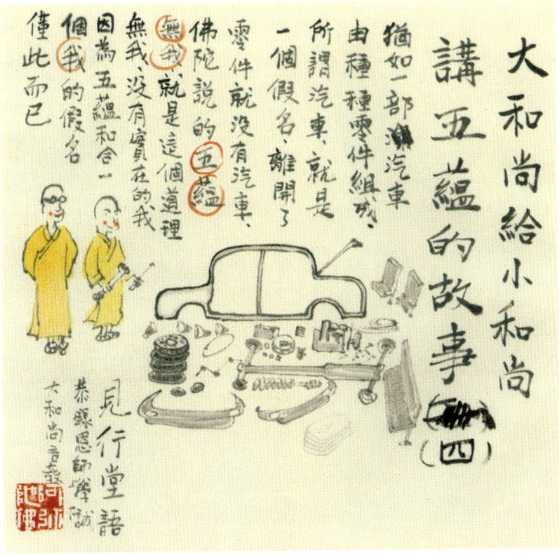
大和尚給小和尚
講五蘊的故事（四）
猶如一部汽車
由種種零件組成，
所謂汽車，就是
一個假名，離開了
零件就沒有汽車，
佛陀說的五蘊
無我就是這個道理
無我，沒有實在的我
因為五蘊和合一
個我的假名
僅此而已
見行堂語
恭錄恩師學誠
大和尚言教

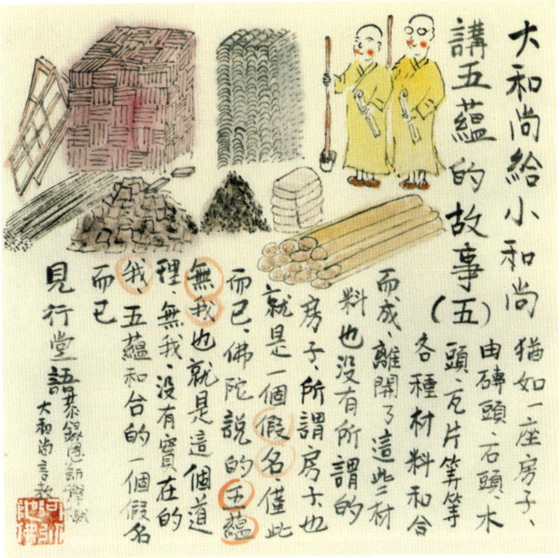
大和尚給小和尚
講五蘊的故事（五）
猶如一座房子、
由磚頭、石頭、木
頭、瓦片等等
各種材料和合
而成、離開了這些材
料也沒有所謂的
房子、所謂房子也
就是一個假名、僅此
而已、佛陀說的五蘊
無我也就是這個道
理、無我、沒有實在的
我、五蘊和合的一個假名
而已
見行堂語
恭錄恩師學誠
大和尚言教

大和尚給小和尚
講五蘊的故事(六)
凡夫不相信
五蘊無我沒
有認識到這
個道理、一直以
為五蘊里面有
一個我、或五蘊
就是我、本來五蘊是
客觀的五個条件、假名
為我、一直認為有我的話、本來客觀的我就
會變成主觀的我、因為有主觀的我、就會
起煩惱、造業、招感生死的痛苦
見行堂語
恭錄恩師
學誠大和尚
言教

我們輪回就是因為
有執着、執着五蘊
為我、所以有痛苦、如
果不要輪回和痛苦
就不能執着五蘊
為我、那就是無我
了、所以、有我就有
苦、無我就沒有苦
有我就輪回、無我
就解脫
大和尚給小和尚
講五蘊的故事(七)
見行堂語
恭錄恩師學誠
大和尚言教

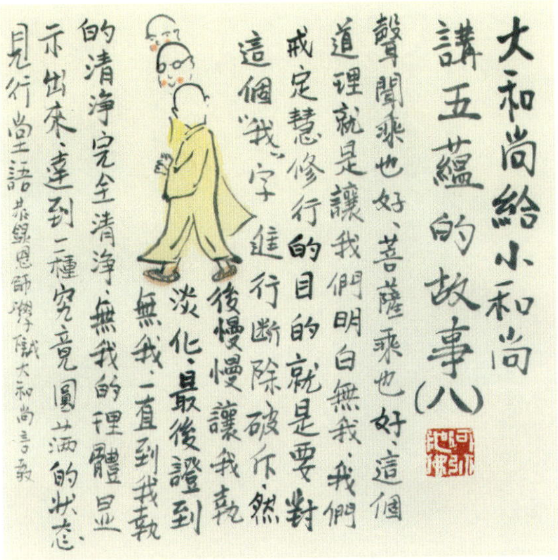
大和尚給小和尚
講五蘊的故事(八)
聲聞乘也好、菩薩乘也好、這個
道理就是讓我們明白無我，我們
戒定慧修行的目的就是要對
這個"我"字進行斷除破斥，然
後慢慢讓我執
淡化，最後證到
無我，一直到我執
的清淨完全清淨，無我的理體显
示出來，達到一種究竟圓滿的狀态、
見行堂語 恭錄恩師學誠大和尚語錄

我們衆生無始以來
輪回生死，不明白我
的真相，生死的奥
秘，所以對生死不
能厭離，對惑業
不能止息，背覺
合塵，如果我們聽
到了佛法以後，聽
到了無我的道理
以後，就要在這方
面去思惟，去思考
五蘊無我
見行堂語
恭錄恩師學誠
大和尚语录
大和尚給小和尚講五蘊的故事(九)

大和尚給小和尚講五蘊的故事(十)
外在的境界是苦空、無常，內在的境界都是假相，都是受蘊和想蘊在起作用，感受在起作用、自己內心當中所緣的知識、經驗、名言以及所接觸中的人事物在起作用
見行堂語
恭錄恩師學識
大和尚言教

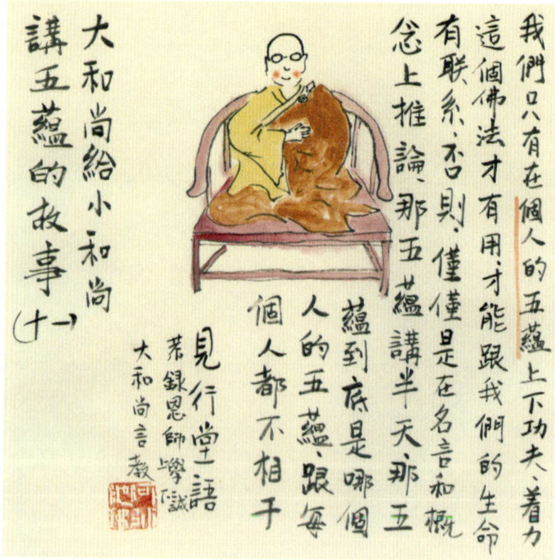
大和尚給小和尚講五蘊的故事(十一)
我們只有在個人的五蘊上下功夫、着力，這個佛法才有用，才能跟我們的生命有联系，否則，僅僅是在名言和概念上推論，那五蘊講半天，那五蘊到底是哪個人的五蘊，跟每個人都不相干
見行堂語
恭錄恩師學識
大和尚言教

大和尚給小和尚
講五蘊的故事(十二)
我們了解了自己
內心的虛幻的不
真實的狀态之後
如何來面對和超
越,就很关鍵
見行堂語
恭錄恩師學識
大和尚言教

大和尚給小和尚
講五蘊的故事(十三)
放下,就是要把我們
五蘊中種種虛幻的相
和世間虛幻的相、
煩惱、問題、全
部放下,這樣
我們才能輕裝
上路
見行堂語
恭錄恩師學識
大和尚言教

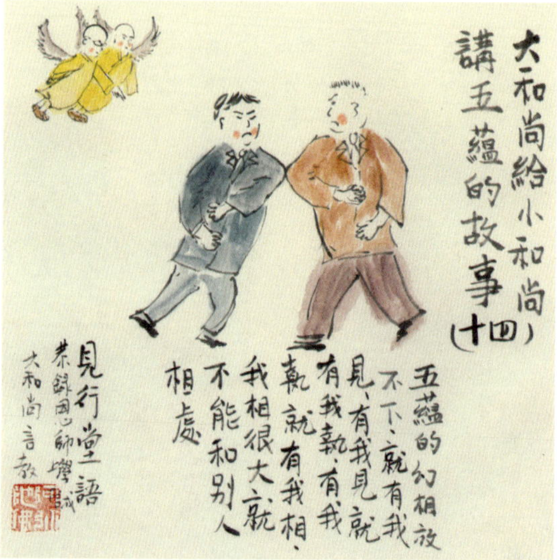
大和尚給小和尚講五蘊的故事(十四)
五蘊的幻相放不下，就有我見，有我見就有我執，有我執就有我相，我相很大就不能和別人相處
見行堂語
恭錄恩師墨誡
大和尚言教

大和尚給小和尚講五蘊的故事(十五)
要去破相，色受想行識，不斷感受身體的苦樂的假名假相以及空和無常，慢慢境才能破掉，破境才能夠破識，破我們內心當中種種的狀態、觀念、執著、分別心都要放掉，最後才能夠悟入空性，見到諸法的實相
見行堂語
恭錄恩師墨誡
大和尚言教

大和尚給小和尚
講五蘊的故事(十六)
照見五蘊皆空，不僅說我
們的身體會死，是空的，
我們的感受也是空的
我們的觀念和種種心
理活動也是無常空的，
虛假的，只有這樣，我
們才真正有辦法沖
破內在五蘊對我們
的束縛，如果認為
自己的思想觀念最
正確，那怎麼空，空
不了
見行堂語
恭錄恩師學誠大和尚言教

學習五蘊無我，但真正落
實到日常生活中，往往我比
別人的還厲害，所以五蘊
不是說着好玩的
是用來修行和
對治的
我
對
大和尚給小和尚講
五蘊的故事(十七)
見行堂語
恭錄恩師學誠大和尚言教

大和尚給小和尚講五蘊的故事（十八）
修行也好，乃至苦行也好，做善行也好，如果不斷增長我執，在加强對自己五蘊的執取，那可能就越修越遠，這樣是不對的
色
受
想
行
識
見行堂語 恭錄恩師嚶儼大和尚言教

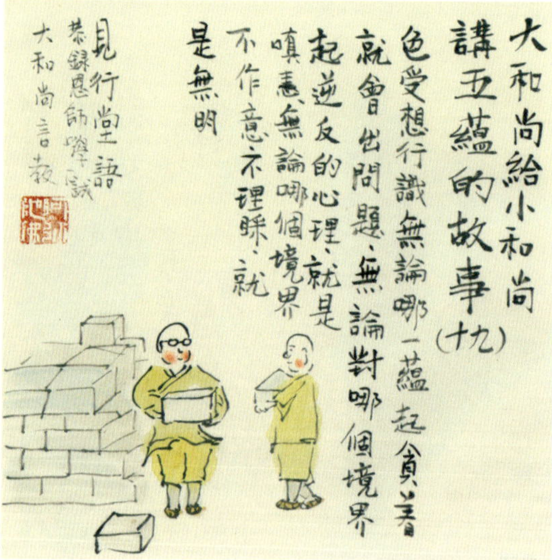
大和尚給小和尚講五蘊的故事（十九）
色受想行識無論哪一蘊起貪著就會出問題，無論對哪個境界起逆反的心理，就是嗔恚，無論哪個境界不作意不理睬，就是無明
見行堂語 恭錄恩師嚶儼大和尚言教

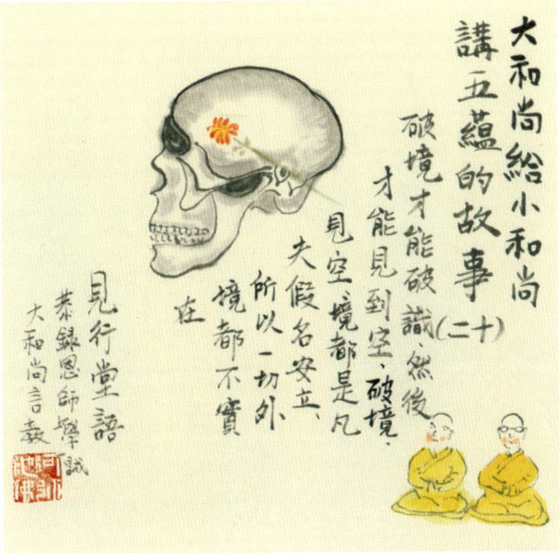
大和尚給小和尚
講五蘊的故事(二十)
破境才能破識、然後
才能見到空、破境、
見空境都是凡
夫假名安立、
所以一切外
境都不實
在
見行堂語
恭錄恩師學誠
大和尚言教

大和尚給小和尚
講五蘊的故事(二十一)
色受想行識中任何一法、你心有挂礙、你就染
着、你就有纏綿、你就不能解脫、你的心智
光明就不能發現
要麼你的感受
要麼你對外在
世界的貪着
要麼你内在的
妄想、你的執
取、分別、只
要有一個、就會造成
你内在的障礙
見行堂語
恭錄恩師學誠
大和尚言教

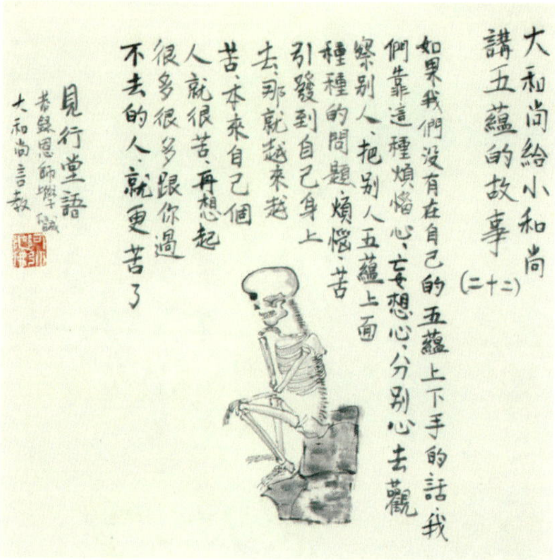
大和尚給小和尚
講五蘊的故事(二十二)
如果我們沒有在自己的五蘊上下手的話，我
們靠這種煩惱心、妄想心、分別心去觀
察別人，把別人五蘊上面
種種的問題煩惱、苦
引發到自己身上
去，那就越來越
苦，本來自己個
人就很苦，再想起
很多很多跟你過
不去的人，就更苦了
見行堂語
恭錄恩師學誠
大和尚言教

大和尚給小和尚
講五蘊的故事(二十三)
佛門里說都攝六根，防護根門
就是觀照世間的五蘊的
染著，用佛法來對
治自己，對自己的
染著，自己對自
己的貪著，
自己對自己
的掛礙
見行堂語
恭錄恩師學誠
大和尚言教

大和尚給小和尚
講五蘊的故事（二十四）
人的感受是建立在色法的基礎
上的，對好吃的、好看的、好玩的起樂
受，反過來就是苦受，受因色而生、
也就是我們所有的感受和我們見聞
覺知的境界有关，就是眼耳鼻舌身意
所覺知的外境有关，各種各樣的感受
通過名言概念來建立，好或不好等
所以想因受而生，受想是人內心活動
的兩個主要內容，行蘊就是各種心理
活動，色受想行都離不開識蘊
所以五蘊是一體的，相互依存的
人的身心與外在環境也是相互
依存而存在的
見行堂語
恭錄恩師上學下誠
大和尚言教

大和尚給小和尚
講五蘊的故事（二十五）
五蘊本身是空的，當體是空，本性也是
空，這個空字，是要讓我們內心空，內心
是真空，外在的你、我、
他，物質世界是假
有，真空與假有
的关系，也就是
我們要樹立佛
法的正知見
內心要有空
性作意，要
真正真空
見行堂語
恭錄恩師上學下誠
大和尚言教

大和尚給小和尚
講五蘊的故事（二十六）
五蘊無常、四大無常，目的是
要讓我們保持正念，心念要
知道我們人會死、會變化，時
時刻刻是無常的，認識到
無常和變化，時刻有正念
就不會輪回。如果沒有
訓練正念，那就非常
容易茫然，沒有注重
自己的念頭，那肯定
就看外在的，看外在
就著外相
見行堂語
恭錄恩師學誠
大和尚言教

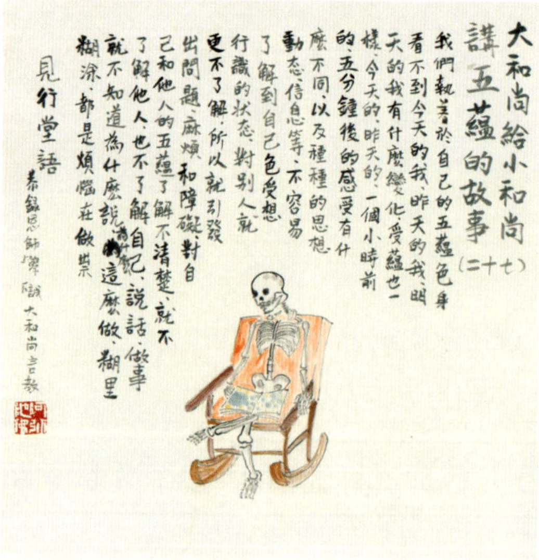
大和尚給小和尚
講五蘊的故事（二十七）
我們執著於自己的五蘊色身
看不到今天的我、昨天的我、明
天的我有什麼變化。受蘊也一
樣，今天的、昨天的、一個小時前
的、五分鐘後的感受有什
麼不同，以及種種的思想
動態、信息等，不容易
了解到自己色受想
行識的狀態，對別人就
更不了解，所以就引發
出問題、麻煩和障礙。對自
己和他人的五蘊了解不清楚，就不
了解他人，也不了解自己，說話、做事
就不知道為什麼說、這麼做，糊里
糊涂，都是煩惱在做祟
見行堂語
恭錄恩師學誠 大和尚言教

五　让内心专注、清净、有力量

我们的心如果一直处在净罪、积资、祈求的状态中，内心就会非常容易专注、清净、有力量。反之，我们内心就容易散乱，内心就没有力量，就不能扫除自己的种种习气、障碍。业的习气去不掉，就会对我们的心理产生障碍，这就是业障。因为有业障，所以就对五蕴身心认识不清楚，对自己的、对别人的五蕴身心认识不清楚。由此，对由五蕴身心所造作出来的种种“事”跟“业”就更看不清楚。因为别人说的话、做的事都是身心所透露出来的气息，所以对身心不了解，那对他做的事，对他说的话自然就不了解。不仅是对别人不了解，对自己也不了解。很多人有时候话说过了，自己却不知道为什么要这么说，自己做的事自己也不知道为什么要这么做，都是糊里糊涂的。糊里糊涂就是烦恼、业在作祟——从最深的层次来讲，就是烦恼、业在起作用。

我们如果执着于自己，对自己非常执着，就不容易去了解别人。执着于自己的观点，执着于自己的认识，执着于自己的看法，执着于自己的感受，乃至执着于自己的价值观，自己何作何为，今天要干吗，明天要干吗，现在要干吗，然后让别人也如此。这样的话，我们在思想上，在知识上，在平时的合作共事上就容易出问题。所以我们不能以固定的、固化的心态来对待人和事，而是要以无常的、变化的心态来对待人和事。

无常变化是要靠我们的智慧来观照的。我们煮饭，生米能够煮成熟饭，就是变化。这变化的整个过程，也是需要智慧的，要多少水，要多少米，要多大锅，要煮多久，也是有讲究的。变化是一种原理，在具体的事项方面，需要经验，需要知识。所以我们要很用心去观察、去思考、去分析、去交流、去总结，然后才能够对我们内心的状态，一层又一层、一步又一步地有更加深刻的认识。对别人也是如此。这样，我们就不会执着于一点，认为就这一点对，就这一点好。

六　一切都要用心

我们做事也好，平时读书也好，常常说要用心——用心做事、用心读书、用心听、用心看，所以一切都要用心。那么你用心看、用心听、用心做，其中都要有心。你如果不用心，仅用眼睛看，用耳朵听，用手做，那它是显示不出意义的。我们只有用心去听，才能够听出它的意义，听出它的意思；我们只有用心去看，才能够看出它的内涵；我们只有用心去做，那这件事情本身才能够有价值。念经也好，打坐也好，参禅也好，都是如此，都离不开心。

我们如果仅仅用耳朵听，用眼睛看，就听不清楚，也看不清楚。因为我们听到的东西，或者看到的东西，仅仅是声音，或者仅仅是颜色、仅仅是形状。它有多大的意义，有多大的价值，有多大的作用，这是要由人的心来分辨的。我们煮饭，哪些东西能吃，哪些东西不能吃，哪些原料能搭配，哪些原料不能搭配，都要用心。如果不用心，煮饭的时候，5斤大米，倒两斤盐进去，你看看能吃吗？肯定不能吃。煮豆角，如果豆角没煮熟，吃了也有麻烦。有些菜不能炒得很熟，炒得很熟反而不好吃；有些菜你必须要把它炒熟，是不是？

光用眼睛是不行的，光用手也是不够的，还要有知识，还要有经验，还要用心。因为无常变化只有心才能够感觉出来，眼睛是感觉不出来的，耳朵也是感觉不出来的。眼睛、耳朵怎么能感觉到无常呢？它们只能感受到外相。一旦感受到它的无常、它的变化、它的组合，都是跟心有关系的，所以观世音菩萨说“反闻闻自性”。禅宗参话头，说话的源头在什么地方？它的出处在什么地方？就在我们人的心，是从人心发出来的。做事也是从我们的心发出来的，说话、听话都跟我们的心有关系。

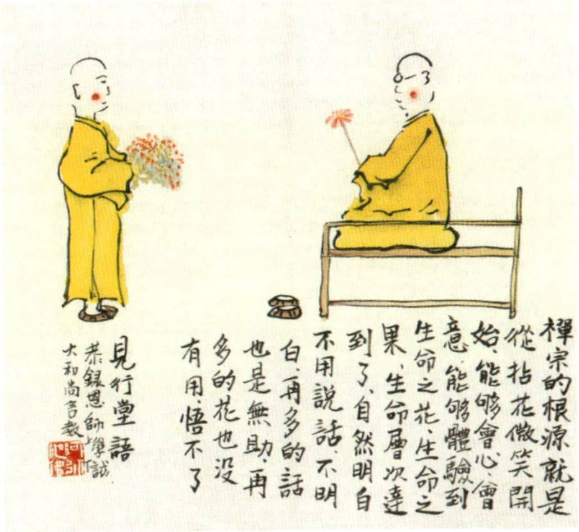

道次第，不仅仅是要我们了解道次第的知识，更关键的是要我们付诸实践。付诸实践，我们内心才能够产生深刻的感受。如果没有付诸实践，我们对道次第仅仅是知识的了解，就犹如看了一本小说或者看了一本地图册。社会上有些人觉得看小说也很有意思，他觉得那也是真的，把小说当作真的，所以他看得津津有味。那种感受跟你看佛经——如果不注意的话——是很难区分的，甚至可能你看佛经，还很难像他看小说一样有那么强烈的感受。这都跟人的心和智慧有关系。我们修行，包括遵循这些仪规，做这些宗教的活动，目的都是为了训练我们的心。

有些人喜欢旅游，有些人喜欢看电影、玩游戏等，生活会有很多不同的层面。比如一个人住在这个地方，他想到另一个地方去，到第三个地方去，到第四个地方去……实际上，他是对现有的空间不适应、不满意。为什么对现有的空间不适应、不满意呢？因为在现有的这个空间的层面，他很难去观心，很难去修行，所以他住的时间长了，就要换一个地方。有些人一天不出门就难受，在房间里待一天，在办公室里坐一天，他受不了。所以我们山上办公室很多，人很少。没有在办公室里，也不在房间里，到处乱跑，自己瞎忙一通，这就是烦恼。我们的法师说谁谁谁想要办公室，我说要那么多办公室干什么，办公室里都没人办公。社会上的人也一样，该办公的时候不办公，而去做别的事情。该办公的时候你应该好好办公，去干别的事情，就说明你对现在做的事情不满意。让你去做别的事情的时候，你又去干另外一件事情，所以这人就非常奇怪。这就说明人对现实的人生不满意。对现实的人生、实际的人生不满意，他才随着自己的烦恼走，随着我执、法执走，不断承认和加深自己的我执、法执，这要靠佛法的力量才有办法转变。如果不靠佛法的力量，转变是非常难的，我们会一直随顺自己的习气走。

七　语言很重要

除了认清自己的心，以及心里各种各样的活动以外，我们对自己说的话、对自己语言的掌握也是很重要的。度众生要靠语言，你一说“随喜”“感恩”，人家听了就很容易接受；如果你说“你做事怎么那么差劲呢？”对方即刻就会起烦恼。所以我们要天天把佛法挂在嘴上，让人家做什么，你说“阿弥陀佛”，他听了就高兴；你说“走开，别挡路！”人家听了就不高兴。因为我们通常根本不知道自己是谁，别人也一样，根本不知道天高地厚。不知道自己是谁，更不知道自己在干吗，都是散乱心、狂妄心在作怪。散乱心、狂妄心缘到佛法的时候，他一听到“阿弥陀佛”，听到这些善的语言，他的心就会有一定的敏感度，就会有一定的作用。如果听到一些不好的语言，就不行了。所以我们学的佛法，都是在日常生活中能够感受到的。

《楞严经》讲：“一者上合十方诸佛本妙觉心，与佛如来同一慈力；二者下合十方一切六道众生，与诸众生同一悲仰。”就是说自己的心暗合道妙，能够同十方三世一切诸佛相通，能够同十方一切六道众生相通。向上，我们的心求佛道，与诸菩萨的悲心愿力相通；向下，我们的心与六道众生相通。这点是非常重要的。为什么说非常重要呢？因为如果内心不能与佛菩萨这种信息相通，不能上求佛道，那么你就不能下化众生。所以佛与众生是我们修道不可缺少的因缘，是非常重要的，偏向哪一方都会造成欠缺。

佛法要处理的不是有形有相的东西，更多的是要处理我们内心的障碍，内心的坎坷，内心的不平，内心的种种问题。通过处理内在的问题，再来处理外在的问题。内在上处理不了，外在也处理不了。

见行堂语
恭录恩师嵩山诚大和尚言教

八 生命存在的价值

普通人在大多数情况下，很难去思考自己存在的意义以及自己行为的意义。自己存在的意义，就是你活在世上有什么意义？他不知道。活在世上，自己的努力、自己的活动、自己的造作，有什么意义？他是不知道的，他思考不出来，他没有这个能力来思考。人只有通过佛法，慢慢才会知道意义在什么地方。因为他不知道自己的存在、自己的所作所为——身语意三业的意义，所以社会上就给人假设了种种的目标——种种成功的目标、种种富有的目标、种种比较体面的目标，让人去追逐，这些都是世间的成功、世间的成绩、世间的成就。世间的这些成就都是外在的，让人的心向外去缘，向外去追逐，它同佛法是反其道而行之的。

一个人只有真正审视到自己的所作所为本身有什么意义，这件事情究竟有什么意义，才有办法来指引自己的所作所为，来反省自己生命存在的价值。生命，如果不能感受到它的意义和价值，就肯定不会有目标。生命没有非常明确、笃定的目标，人的生存状态就会很茫然，这些都是有关联的。我们每天早晨起床、上洗手间、洗脸刷牙、吃饭、上班、工作、加班，工作中与人接触、谈话、打电话、用电脑……周而复始，一日又一日，一天又一天，不知不觉。我们没办法，只能过这样一种循环的生活，每天就这么过。人的时间都是耗费在这些事务中，消耗了我们的生命。所以出家人从沙弥开始就要背《毗尼日用切要》，穿衣、下床、上厕所、洗脸等都让你念咒，这样就能缘到法。出门做什么，搭衣，持钵等，都是为了让你能缘到法。这就是佛法运用在日常生活中，让你时时刻刻不能忘失，这样我们的心意才有办法转变。如果没有刻意这么去提醒，我们是非常容易忘掉的，是非常难记起的。

又有些人，他虽然做好事，在行善，在念佛，但他追逐的是现世的果报。所以他虽然学佛学了很长时间了，经也念得很多了，也常常去放生、印经、供养等，但有时候一遇到什么逆境，比如家里忽然哪个人生大病了，哪个人被汽车撞了，他就说是不是菩萨不保佑了？很多人都会这样去联想。我们学佛法，并没有讲你学了以后就保证你家人不生病，保证你家里不出灾难，这是不可能的，这两者是风马牛不相及的。又有些人持戒，就觉得自己身体会不好；或者说做普佛，祈福，到庙里供花、供蜡烛、供灯等，都会让他有这样的感觉。而一旦遇到一些逆境，他就会认为是做了这些引起的，是因为做了善事才会遇到不好的事情。这就说明他对佛教业果的理解，对佛法的理解是很成问题的。不能说持戒持得好，所以你身体就会不好；更不能倒过来推，说你的身体不好，是持戒持得好的缘故。所以有些人说身体不好是吃素吃的，这种说法是非常荒唐的，这种观念常常会困惑自己。

观世音菩萨三十二应，应以何身得度者，即现何身而为说法。应以比丘身得度者，即现比丘身而为说法；应以比丘尼身得度者，即现比丘尼身而为说法；应以童男童女身得度者，即现童男童女身而为说法。这是什么意思呢？就是说观世音菩萨大慈大悲，而她的大慈大悲是随缘示现的，所有的菩萨都没有说自己是菩萨，也不会说自己是菩萨，都是随缘示现的。可能有个小孩，这个小孩特别有善根，从小就很懂佛法，而且行为跟一般人不一样，那他有可能就是观世音菩萨示现。藏传佛教有很多活佛，他们从小就是活佛，跟一般小孩不一样，是很不一般的。我们有些居士也是一样，有些人学佛法学得很好，心心念念很分明，那他也有可能是观世音菩萨的化身。但我们非要认为，如果某位菩萨是举世公认的，大家都说他是菩萨，那他才是菩萨。菩萨的标准不是众生给他加上去的，众生怎么能够知道谁是菩萨，谁不是菩萨？菩萨靠他的悲心愿力来行事，来度众生，这样的才是菩萨，我们都把世间的一种心用到佛法里去了。你说现在没看到有什么菩萨，也没人说有什么菩萨，这是对佛法的理解不透彻造成的。

现在人的根机本身就非常迟钝，只能听小法，不能听大法，只能听非常简单的、非常容易实践的法。这个时候菩萨示现，可能就是让我们做很容易实践的、很简单的事情，这样我们才能够做到。比如我们常常会听到，某某人遇到了种种不如意的事情，甚至死亡。我们在上一讲也谈到念死无常，那为什么要念死呢？念死主要是讲死了以后你的心是怎么相续的？心的相续是什么状态？你往哪里跑，你去哪里，是不是越来越好，还能不能听到佛法？念死不是让我们去自杀，如果认为念死就是让我们去自杀，那就麻烦了。不是说你现在把安眠药吃下去，明天早上起不来了才叫自杀；其实，你自己的心已经把自己给杀了，不努力，心死了，就是自杀；心没有动力了，没有创造力了，就是自杀。你如果“修行人就是修来世，可以不管现世”，那么就是自杀了——自己把自己的心给杀了。这样念死是很成问题的，这不叫念死，这叫自杀。这个“杀”不是杀自己的身体，而是把自己的心杀掉了。这样是不对的，这就是佛法学偏了。

九　法报化三身

我们常说三身：清净法身、圆满报身、千百亿化身，清净法身毗卢遮那佛，圆满报身卢舍那佛，千百亿化身释迦牟尼佛。什么是清净法身？法身是清净的，以法为身，没有障碍，没有习气，没有毛病，没有问题，一切都通达圆融，这就是清净法身。

什么叫圆满报身呢？转识成智，使得我们日常生活中的所作所为都是智慧在指导，而不是分别心在指导，那我们的学习、生活、工作都会是圆满的，资粮都具足。我们是怎样一个身份，就在怎样一个身份上圆满资粮。一个农民，就在农民的份上圆满福德智慧的资粮；一个工人，就在工人的份上圆满资粮；一个知识分子，就在知识分子的份上圆满资粮。这是什么意思呢？有些农民，看起来没什么文化，但也知道念经，也知道念佛，也知道拜佛，他就积了资粮；而如果一个农民，本身不识字，你让他跟这些有文化的人一起来修行，那他就没法修行。有文化的人每天不看书、不听法就会难受。有文化的人，你让他3个月什么法都不听，什么书都不看，他肯定难受。因为他习惯了，这就是一种文人的习性、知识分子的习性，他只有先在这里慢慢少看一点，然后多思考，如此才有办法修行用功。一个人要去除这种习性是非常难的。不让他听法，不让他看书，可能他也会坐在那边想，想他过去读过的一些书，所以他不容易解脱。所以只有从这里面来解脱，看过《三国演义》《水浒传》，里面都是佛法，他就解脱了，没有文化的人就不知道这些。

千百亿化身，观世音菩萨也好，释迦牟尼佛也好，都是千百亿化身，化身不止一个，是千百亿个。因为只要他诠释的是佛法，与佛法的本意、佛法的宗旨相符合，导人向善，劝人修行、解脱、成佛，那他就是佛的化身。所以我们在日常生活中，也不一定说非要什么人给自己讲法才听——非要某个大法师讲，别人讲就不听，这就麻烦了。也有可能你的同行善友中某一位就是菩萨，但你就是不知道学。在很多情况下，你都是很不现实的。一个法师有一个法师的因缘，他不可能说专门为什么人，为哪几个人来讲法，都是有因缘的，各自都是有因缘的。更多的情况下，我们是在“应以何身得度者，即现何身而为说法”的范畴内。经典里这么说，观世音菩萨也这么做，你必须要相信。这样你才会非常注意、非常认真、非常在意同行善友的种种功德，并去分享这些功德。

十 收集“自我”的概念

因为色法是有形的法，心法是无形的法。有形的是法，无形的也是法。主要的问题就是看你能不能悟出来。如果能够悟出来，那么你从有形的色法本身也能够悟出法来；如果悟不出来，即便给你讲佛法，你听了以后佛法一样会变成世间法。我们从小到大，一直是在熏习“自我”的概念，收集“自我”的概念。怎么来收集“自我”的概念呢？天天我们自己的意识在作意、在想，同时你也在想：别人对我怎么看？别人是不是对我有意见？别人有没有批评我？别人有没有赞叹我？别人有没有说我坏话？别人有没有说我好话……时时刻刻都在收集别人心目中关于自己的信息，这样就不能解脱。他没有真正去了知别人的状态，他不知道别人是什么状态，自己是什么状态。人的心用在这方面，就是自我在扩大。

我们的所作所为——言语、行为、活动，都被装在自我的一个假名的状态中，让自己无法解脱，让自己越来越苦。比如，有些人心力提不起来。为什么提不起来？因为感觉很自卑。为什么会感觉自卑？他看见别人进步那么快，自己进步这么慢。别人进步快，本来他应该高兴，为什么不高兴反而自卑呢？因为他收集了这样的信息，“别人进步比我快，我比别人慢，我比不上别人”。他去收集这些负面的信息，他就会难受。本来，看到别人进步比自己快，他如果“哎呀，你做得好，你可以帮帮我”，那

就没什么问题了。别人进步比他快，他觉得“哎，你进步比我快，你会看不起我”，那他就自卑了。反过来说，当一个人有智慧，有能力，有文化，而且身体健康时，他跟另外一个人说“我永远比你好”，那他就是傲慢。他可能没有表现出来，实际上他还是傲慢。所以人的烦恼都是非常微细的，这样的话，我们就不自在了。观世音菩萨叫观自在，自在才是解脱；不自在就麻烦了。有我，就不自在；无我，就自在了。

学佛不是学我，学我，我们学佛要学无我。如果执越来越坚固，恰恰我们学佛学去，我们的执著越来越深，越来越重我的

形象越平越高大，那学的就有问题

见行堂语
泰录恩师墨宝 大和尚言教

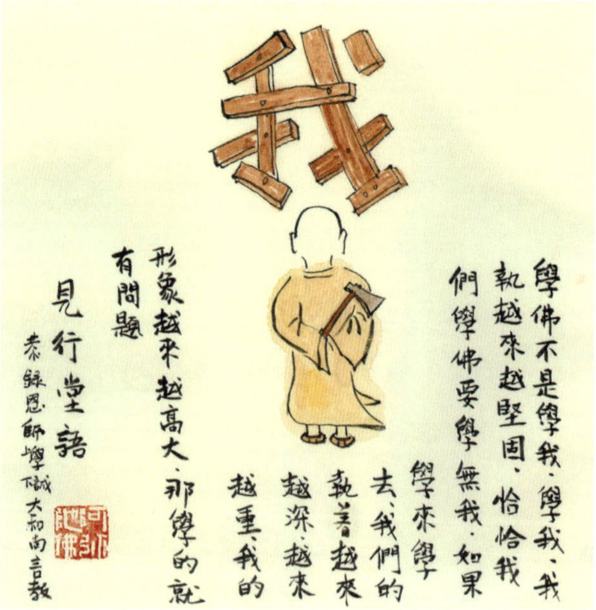

比如早晨，有人跟你说“某某人，你斋堂里的碗没有洗干净”，你会怎么反应呢？你可能想“哎呀，我也许真的没有洗干净，我去看看哪只碗没有洗干净”，但你更多的时候可能会想“我这么认真地洗，怎么会没洗干净？”你不相信别人跟你讲的碗没洗干净这回事。那个时候你怎么反应，这是很重要的。或者有人说“某某人，你早上地没有扫干净”。对此，不同的人有不同的反应，不同的人跟你说这句话，你也会有不同的反应。可能一个上位的人，一位大法师跟你讲，你会说“啊，哪里不干净？我赶紧去看看”；如果是你下面的人跟你讲，你可能会说“你还管我？关你什么事？”那个时候就跟地干净不干净没什么关系了，你这是因人来取相。世界上很多的烦恼、很多的问题，都是这样产生的，都是看人来做事，而不是看事来做事，这些都是不智慧的。

十一　四依法

什么叫作“依法不依人”呢？“依法不依人”就是刚才讲的意思，无论是谁跟你讲某句话，你都能够很在意，这样就没有我执。如果是依人，那就是一定要什么人讲你才听，大部分的人跟你讲你都是不听的，这就是“依人不依法”，不叫作“依法不依人”。

什么叫“依义不依语”？“依义不依语”就是要依照语言的义理。人家给你讲一句话，大法师也好，一般的法师也好，一般信众也好，甚至一个小孩也好，他的话里都是有一定的意思的。小孩有小孩的语言，大人有大人的语言，法师有法师的语言，我们不能还没有搞清楚他语言的意思，一听到某某人讲话，即刻就反弹、拒绝、非理作意，这样会引发自己的烦恼，引发与别人的障缘、违缘，产生种种的矛盾。

“依智不依识”，就是要依智慧。我们要分清起心动念，现前作意，是智慧，还是烦恼，还是分别心。这叫“依智不依识”。

“依了义不依不了义”。什么是“依了义不依不了义”呢？就是我们起心动念，这一切是不是成佛的资粮，是不是成佛的支分？或者说这一切只是眼前的计较、眼前的分别？如果我们把这一切都看作成佛的支分、成佛的资粮，那么别人跟你说话，别人对你提意见，别人对你赞叹，别人给你鼓励，你都会很高兴。哪怕是一个小孩，或者下位的人跟你讲，你都会很在意，并且你都能够如理地去取舍，如理地去对待。这才是一个正确、健康的根源。否则的话就是轮回了，就是不正确、不健康的。

因为“我”是一切习气、问题、毛病的总根源。我们的前六识造了种种的业，其根源就在于第七末那识。第七末那识——染污意，它又是跟第八阿赖耶识相关联的。无始以来，我们造了种种的业，都藏在第八阿赖耶识里。通过第七识，第八阿赖耶识里这些业的种子，就能够在前六识里出现。而第七末那识，又能够把前六识——眼识、耳识、鼻识、舌识、身识、意识，所造的种种的业，收起来放到第八阿赖耶识里去，这就是八识。第七识是一个中转站，一到中转站就经过“我”，一经过“我”就执着，一执着就跟解脱、成佛背道而驰了。我们修行、用功，就是要来认知我们凡夫心起心动念的整个过程，以及它的状态、它的问题，同时要知道该怎么办，怎么来对治。所以佛法就是要告诉我们：破执着，破障碍，明了自心。

執着就是想不開、放不下、不同的人執着不同、在不
同的時候、執着也不一樣、有的是大事想不開、有的
是小事想不開、有的是自己的事想不開、有的是別
人的事想不開、有的是腦子里的想象想不開、這些
都是人的執着、都是人想象出來的、佛教里種種
的法門和善巧方便
都是要掃除這
些執着、障礙
見行堂語
恭錄恩師學誠
大和尚言教

一碗湯面引發的覺悟（一）

面、湯、油、水、菜、盐等混和在一起、成了一碗湯面、里面有很多因素、人工操作、火、要有碗來裝、要有筷子、人一口一口吃下去、衆緣和合、才能吃到一碗面、衆緣和合這種現象就是空和無常

見行堂語

恭録恩師上學下誠大和尚言教

空和無常就是不
實在的、變化的、一碗
面、剛煮出來、热氣
騰騰、放到外面不久
就冷了、這就是無常。
等吃到肚子里以後
消化了、就變成别
的東西、事物本身
就是無常相、和合
相緣起存在相、
一碗湯面引發的覺悟(二)
見行堂語
恭錄恩師上學下誠
大和尚言教

一碗湯面引發的覺悟（三）

我們人看到的是緣起法的住相、沒有看到緣起法的滅相和生相

實際上一切緣起法都有生住滅三相、我們看到住相就以為是常

佛教說、這些本身是無常、是空、是不實在的、是變化的

見行堂語

恭錄恩師上學下誠大和尚言教

般若面
一碗湯面引發的覺悟(四)
因為無常、所以會引發很多苦、因為
無常、如何在過程當中來
改進、讓它越來越好
不實在的讓它
實在、不真實的
讓它真實、這就
是佛教要解決的
問題、我們看到
的所有的一切都是如此、都是
無常相、苦相、空相
見行堂語
恭錄恩師上學下誠
大和尚言教

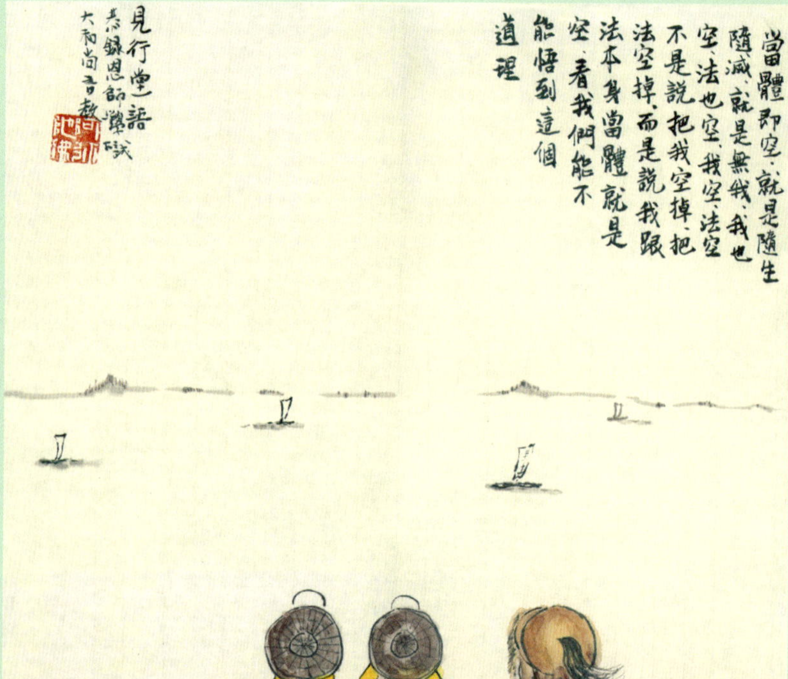
當體即空，就是隨生隨滅，就是無我，我也空，法也空，我空，法空不是說把我空掉，把法空掉，而是說我跟法本身當體就是空，看我們能不能悟到這個道理
見行堂語
恭錄恩師覺醒大和尚言教

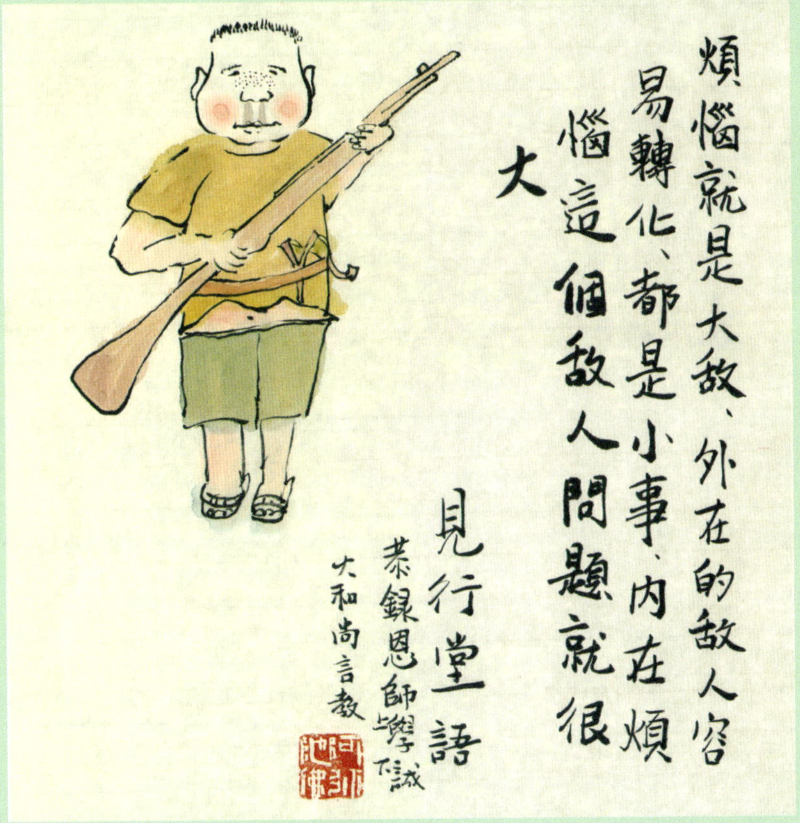
煩惱就是大敵、外在的敵人容易轉化、都是小事、內在煩惱這個敵人問題就很大
見行堂語
恭錄恩師上學下誠
大和尚言教

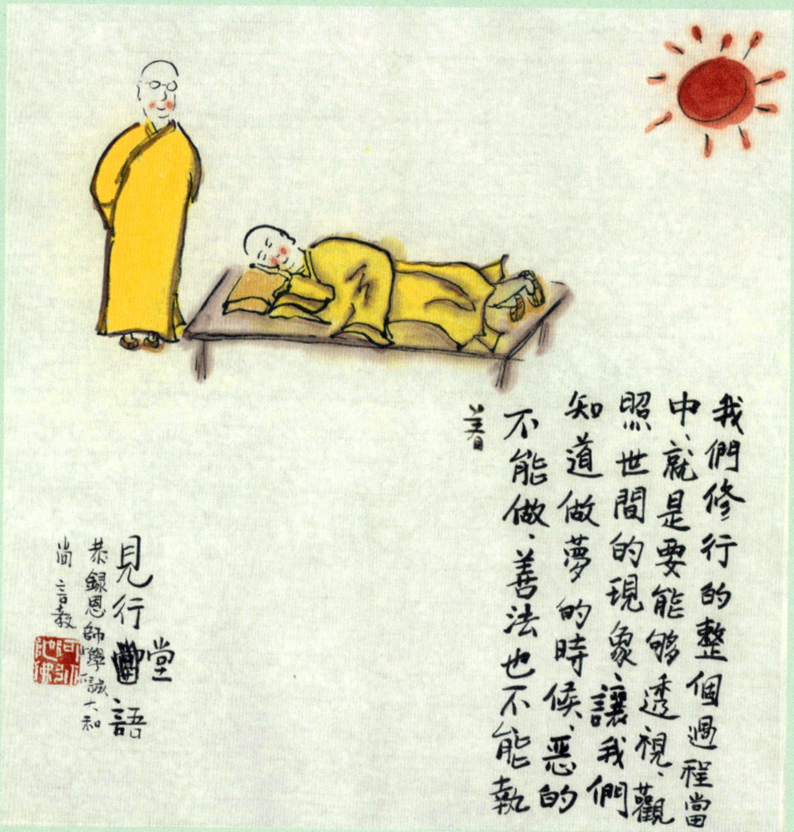
我們修行的整個過程當
中、就是要能夠透視、觀
照世間的現象、讓我們
知道做夢的時候、惡的
不能做、善法也不能執
着
見行堂畫語
恭錄恩師學誠大和尚言教

溝通不是
要去說服
別人而是
要去了解
別人
見行堂語
恭錄恩師上學下誠
大和尚言教

做事情的時候
要知道別人在
幹嘛要知道
自己在幹嘛
不然就麻煩
見行堂語
恭錄恩師上學下誠
大和尚言教

欣賞他人
就是莊嚴
自己
見行堂語
恭録恩師學誠大和尚言教

我们对物质世界有经验之后，慢慢地要让自己对精神世界也有经验；我们对凡人的世界、生活有经验之后，也要对圣者的世界有经验。

第5章

调伏烦恼寻找本心

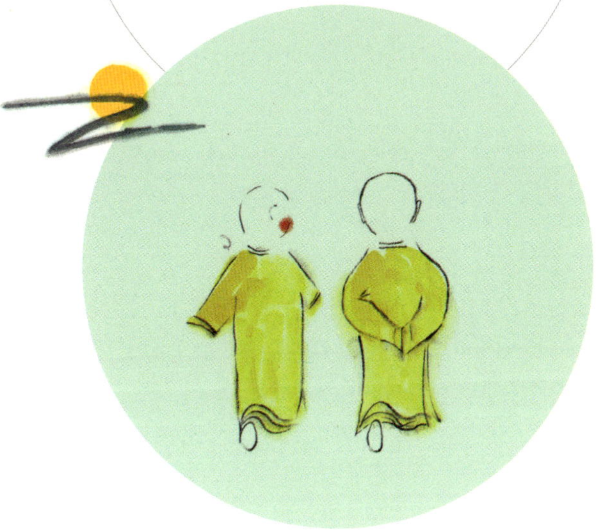

不能把佛法和我們身心體驗上的事、進入到理
論討論的層面、所學的佛法上的道理都是
為了要殺煩惱、與煩惱斗、也就是應云
何住、云何降伏其心、持戒修定開
智慧、都是要為了對治煩惱、而
煩惱的根源
就是我見
我執、無明
見行堂語
恭錄惠師學識
大和尚言教

一切都还没有注定

我们常常讲，愿自己和他人远离痛苦，愿自己和他人得到快乐。愿自己和他人得到快乐，就是慈心；愿自己和他人远离痛苦，就是悲心。合起来就是慈悲心。我们必须依止三宝，依止善知识的教授、教诫，才能生起信心，生起胜解。这样的话，我们才有办法远离各种各样的魔障。反过来说，我们有各种各样魔障的出现，就是因为我们的心无法同佛法相应，所以我们要常常去忆念三宝的功德。

一 认识我们的烦恼

这些魔障的出现，都是因为我们有烦恼，造了恶业。这些业障无始以来一直累积，当我们修行的时候，用功办道的时候，这些障碍就出来了，使得我们没办法很好地修行、用功。这些障碍、业障、魔，魔就是障碍的意思，魔业就是障碍的业，障碍我们成佛、修行，这些障碍的出现都跟烦恼有关系，所以我们再认识一下烦恼的过患。

大家请翻开《广论》，第172页第二段到第173页第一段。

“第四过患者。谓烦恼才生，先能令心杂染，倒取所缘，坚固随眠，同类烦恼，令不间断。于自于他于俱损害，于现于后于俱生罪，领受苦忧感生等苦。远离涅盘，退失善法，衰损受用，赴大众中，怯惧无乐及无无畏，一切方所恶名流布，大师护法圣者呵责，临终忧悔，死堕恶趣，不能获得自己义利。庄严经论云：‘烦恼坏自坏他坏净戒，退损失利护法大师呵，斗诤恶名他世生难处，失得未得意获大忧苦。’入行论亦云：‘爱等怨敌，全无手足等，非勇智如何，彼令我如仆，安住我心中，欢乐反损我，于此忍不愤、忍非处应呵。一切天非天，设与我作敌，彼不能令人，无间大火中。此大力惑敌，若遇须弥峰，且不留灰尘，能刹那掷我。如我烦恼敌，长时无始终，余敌皆不能，至如是久远。若随顺承事，悉为作利乐，若亲诸烦恼，返作苦损恼。’此说过患，皆当了知。又如阿兰若师云：‘断除烦恼，须知烦恼过患体相对治生因。由知过患，观为过失，计为怨敌。若不知过患，则不知为怨敌。故如庄严经论及入行论所说思惟。’又云：‘知烦恼相者，亦须听对法，下至当听五蕴差别论，了知根本及随烦恼。于心相续。若贪嗔等，随一起时便能认识，此即是彼，他今生起，与烦恼斗。’须如是知。”

“与烦恼斗”，我们经常能听到这句话。与烦恼斗就是与自己斗，我们人都是与别人斗，不是与烦恼斗。烦恼有什么过患呢？就是刚开始读的三行半。烦恼产生的时候，“先能令心杂染”，我们的心就杂染了，就不纯净了；“倒取所缘”，我们对所缘的境也是颠倒的；“坚固随眠，同类烦恼”，我们的烦恼能够更加坚固；“令不间断”，持续下去；“于自于他于俱损害”，对自己，对他人都有损害；“于现于后于俱生罪”，在现在，在未来都会生起罪业；“领受苦忧感生等苦”，会有种种的忧和苦；“远离涅槃，退失善法，衰损受用，赴大众中，怯惧无乐及无无畏”，种种烦恼现行，在大众之中就没有无畏了；“一切方所恶名流布，大师护法圣者呵责”，与三宝不相应了；“临终忧悔死堕恶趣，不能获得自己义利”，不能获得佛法的利益。

在这一页的倒数第二行，“断除烦恼，须知烦恼过患、体相、对治、生因……”断除烦恼，须知烦恼的过患、烦恼的体相、怎么对治以及烦恼生起的因。知道烦恼的过患，观察它的过失，就知道它是怨敌；如果不知道过患，就不知道它是怨敌，所以我们要认识烦恼。关于认识烦恼，我们过去有个碟片《认识烦恼是修行的开始》。这烦恼很不好认，因为我们烦恼很多，根本烦恼有6个，随烦恼有20个，细说有84000烦恼，非常多，不好认。但是所有的烦恼都跟我们的心有关，“罪从心起将心忏”，都是跟我们心有关的。

二　《牧牛图》十颂

怎么来认识这些烦恼呢？过去禅宗的祖师把我们的烦恼比喻成牛，我们要牧牛、放牛，所以有《牧牛图》的10个颂。牧童放牛这个境界，就犹如我们认识烦恼的境界。

第一个颂：

狰狞头角恣咆哮，
奔走溪山路转遥。
一片黑云横谷口，
谁知步步犯佳苗。

“狰狞头角恣咆哮”，就是说这头牛像一头疯牛一样，一直在乱发脾气，乱咆乱哮，比喻人非常聪明——世智辩聪；“奔走溪山路转遥”，它越跑越远，不知道回家，到处乱跑；“一片黑云横谷口”，天黑了它也不知道回家，不知道要去哪里；“谁知步步犯佳苗”，这头牛乱跑，吃庄稼，意思是我们内心有烦恼，人不由自主，所以一直在坏善根，断自己的善根，造恶业。

这是第一个偈颂，就是说未信佛的人、未学佛的人、未修行的人、未调心的人，他们每一个人的内心都有一头疯牛。烦恼就像疯牛一样，到处乱吃东西，不知道什么是庄稼，什么是青草，它是分不清楚的。这是指未信佛、未学佛的人，不知道烦恼。

第二个颂：

我有芒绳蓦鼻穿，
一回奔竞痛加鞭。
从来劣性难调制，
犹得山童尽力牵。

到第二步，开始信佛，开始学佛，就是给这头牛的鼻子穿上了一条绳。给牛的鼻子穿上一条绳，有什么好处呢？好处就是我们起烦恼的时候，听到佛法就能把心拉回来，就知道我们这样不对。但是这个时候还要靠这个小孩来拉这头牛，还是要靠人来拉。如果没有人来拉这头牛的话，它一样会跑。这是什么意思呢？就是说，这个小孩就犹如我们内心的作意，犹如我们内心的心愿，犹如我们自己内在的佛性。因为内在有佛性，所以我们能够作意，能够发愿，需要提策。

绳是什么意思呢？牛鼻子的绳，就犹如我们念佛、数息、禅观、念经、礼拜，必须通过这些仪式，通过这些内容，通过这些法门，我们才有办法把烦恼——散乱心、狂妄心制伏，才有办法在这头疯牛的鼻子上穿上一根绳子。但是这根绳子必须穿在牛的鼻子上才有用，这根绳子要是绑在牛的头上，或是绑在牛的肚子上，绑在它的腿上，人去拉也拉不过它，因为牛的力气更大。所以绳子必须要穿在牛的鼻子上，才拉得动它。这就说明我们在修行、用功、用法的过程中调伏烦恼，必须要正对治；没有正对治的话，烦恼对治不过来。这就是说只有用这个法门，用这个方法，发了这种心，才能够真正把烦恼控制住。烦恼没有控制住，就意味着对这头疯牛，你的绳子还没有真正穿到它的鼻子上去。

我们总想去控制别人，实际上人控制不了自己，控制不了自己的心，没办法来约束自己，没办法来规范自己。有些人认为我们学佛法、修行，可能忽然有一天什么问题都解决了；有些人认为我们先慢慢修，修到哪一天很多问题就解决了。这就涉及到底是顿悟还是渐修？这也一直是大家比较关心的问题，也是比较有争论性的问题。是开悟了以后才能修行，还是修行以后才能达到开悟？到底是先悟还是先修？到底是顿悟还是渐修？哪个重要？哪个好下手？哪个好用功？我们应该从哪里入手？

实际上，渐修和顿悟，“顿”跟“渐”的一种关系，要怎么来认识呢？修行是在“顿中渐”，开悟是在“渐中顿”。修行怎么是“顿中渐”呢？就是你忽然明白了一个道理，比如你明白了无常，然后你天天就修无常观，忽然这个道理你明白了，念佛、布施、持戒等这些道理你明白了。忽然明白了，那是顿悟。明白这个道理，你去做才会有感觉，才会比较容易上手，才会比较容易用功，所以修行是在顿中渐。如果明白了道理，但是没有经过长时间一步一个脚印的渐修，过几天这个道理就慢慢又被无明烦恼覆盖了，就又忘了，自己悟的这一点又没有了，所以修行是“顿中渐”。开悟是“渐中顿”，你天天念经，天天研讨，天天礼拜，忽然就明白了一个什么道理，所以开悟是在渐修中顿悟出来的。这两者是一种辩证的关系。

有些人只求去悟，不想着去修，那不可能有真正的悟。有些人不明白道理，只是认为一天一定要修多少座法，要听多少遍经，不明理，没有悟性，不能顿悟，最后越修越机械，越修越苦恼，也会造成自己修不下去。比如我们上山来护持，一次又一次地来，一年又一年地来，一天又一天持续不断地来，就说明你有信心，说明你精进；大家一起共修，就代表和合，这也是一个渐次的过程。你对道场护持，一年、两年、三年……忽然明白了一个道理，一般的人是比不上的。你所明白的对三宝的护持功德有多大，加持力有多大，感应有多大，跟一个没有这样一个渐次过程的人的感觉是不一样的。甚至有些人到庙里参加了一两次活动、法会，觉得没什么感应，没什么佛法，没什么体会，因为他根本没有认识到自己的狂妄心、散乱心，没有认识到烦恼的问题所在，所以不行。

破迷开悟就是让我们正确地选择人生的道路，以及掌握选择的方法和经验，这就需要靠智慧、觉照的力量，观察的力量，思惟的能力。这些能力是佛菩萨圣者用心的方法，我们在寺庙里就是要获得这种能力

见行堂语

恭录恩师开示
大和尚亲自导教

第三个颂：

渐调渐伏息奔驰，
渡水穿云步步随。
手把芒绳无少缓，
牧童终日自忘疲。

牛拉住了，鼻子穿上绳有什么作用呢？这样牛就不会乱跑，一乱跑就把它拉回来。但是呢，我们必须要时时刻刻在意，要时时刻刻拉住这条绳子，才有办法把这头乱跑的牛制伏住。你放开了一阵子，牛依然会跑。这就说明，我们修行、用功的时候，一点也不能松懈，必须要缘到法上去，不缘到法上去，人的烦恼就又会起来作祟。

法是我们内在的一种力量，心里有力量才有办法让我们的烦恼止息住；心如果没有力量，烦恼就现行。就好比这个小孩不再牧牛了，牛就会一直在跑。所以我们一天中的功课、定课，是非常重要的。定课，比如我们早晚功课、5堂功课。有些人上班很忙，或者家务很忙，就说这功课很难保证，那你就不要把功课时间定得很长，做10分钟也可以啊，念一遍三皈依，念一遍《般若心经》，5分钟、10分钟，一天两次、三次，这肯定能够保证。饭

止就是止息狂妄的心 散亂的心
觀就是觀你在看什麼 想看
什麼 要看什麼
見行堂語
恭錄恩師學誠
大和尚言教

前念5分钟，或者饭后念5分钟，早晨起来念5分钟，晚上睡前再念，这肯定是能够做到的。就是世间再忙的人，也不可能说“我太忙了，忙到没时间吃饭，忙到没时间上卫生间”，这是不可能的。功课也是一样，你必须要对治，认为它很重要，不是说我们有空了才去做，你不坚持固定的、定时的功课的话，这头牛根本不知道跑去哪里了，你根本就没有办法驯服它。只有到点，到那个时候再说“哎，现在这头牛跑去哪里了？在不在这里？”你才知道自己的心有什么问题。如果没有这样的一个要求，你的心是看不住的，绝对是看不住的。

当内在戒定慧的功夫越来越充足的时候我们就能影响外在，也就是说，外在有问题就说明自己内在戒定慧的力量不足以去影响别人。希助别人，说明自己的力量还不够

见行堂语
恭录恩师学诚大和尚言教

勤修戒定慧，熄灭贪嗔痴。我们发菩提心，要广行诸善，六度：布施、持戒、忍辱、精进、禅定、智慧。六度也是度自己，不是度别人。布施度悭贪，持戒度毁犯，忍辱度嗔恚，精进度懈怠，禅定度散乱，智慧度愚痴。布施、忍辱、智慧对治贪、嗔、痴；精进、禅定、持戒对治懈怠、散乱、毁犯。正因为人懈怠、散乱、贪、嗔、痴，所以我们所有的善业都毁坏了，都毁了，都

坏了，就没有善业了，所有的庄稼都被牛吃掉了。所以六度，也就是讲贪、嗔、痴、散乱、懈怠，佛法就是讲这些命题。《佛遗教经》里讲：“能行忍者乃可名为有力大人；若其不能欢喜忍受恶骂之毒如饮甘露者，不名入道智慧人也。”这是什么意思呢？就是我们修行的人，要欢喜忍受恶骂之毒。什么意思？就是世间再违逆的语言，都能够忍受，这样的话，才会有真正的入道的智慧。人世间，这五浊恶世，什么人、什么事、什么话、什么语言都是会有的。我们修行修到一定程度的时候，是没有嗔恚心的，忍辱度嗔恚。别人恶言恶行都是嗔恚心的表现，因为你没有嗔恚心，所以即使别人有嗔恚心，你也相应不了，这样你就不会被伤害。一旦你还有嗔恚心，还有烦恼，内心就非常容易跟别人的烦恼相应——嗔心与嗔心相应，贪心与贪心相应，无明烦恼与无明烦恼相应。在日常生活中，同行之间的相处都是如此。所以我们常常说，发生问题、发生矛盾、发生纠纷都要在自己身上查找原因，认识问题，这样才能够死心。如果你说他不对，他也说你不对，互道对方不对，那你的言谈词汇会导致烦恼越来越重，越来越厉害，这就不是一个修道的基本态度。我们修道就是要去面对自己的烦恼，面对自己的问题。

以上是第三步，牛能够被拉住了。

第四个颂：

日久功深始转头，
颠狂心力渐调柔。
山童未肯全相许，
犹把芒绳且系留。

第四步，就是说我们一直在修行，慢慢地烦恼就开始有所转变了，这头牛也不会乱跑得那么厉害了，它慢慢知道主人的意思了。主人的意思就犹如我们的心，在修行时用法，它能够用到法上去。这就是说，我们的烦恼和内在的作意，自己很清楚。这样烦恼的力量慢慢就比自己内在的善法欲、内在的如理作意弱了。这个时候，这个小孩就可以把牛拴到树上去，或者把它拴到一个木桩上去，让它在一定的范围内自由活动。在家的时候，如果我们心里的这个小孩不认真放牛，那他就会把牛拴在树上，让它吃周围的草，当然周围没有庄稼，它也吃不到庄稼。这样，这头牛就能够乖乖地在那个圈子里活动，但是还要有一个人去拴牵牛的绳子，所以还是离不开这个小孩。

第五个颂：

绿杨阴下古溪边，
放去收来得自然。
日暮碧云芳草地，
牧童归去不须牵。

到第五步，牛就能够被驯服了。被驯服是什么意思呢？就是这头牛能够放养在那里了，你看草原上那些牛羊，“风吹草低见牛羊”，全是放养的。当然那里没有庄稼，牛可以到处吃草。这样就不用去牵牛的鼻子，也不用把牛拴在树上，自然这头牛就知道自己要吃什么——要吃草，不能吃庄稼。这就是说，我们人在修行的路上，在整个过程中越来越调柔了，我们的所作所为都能够回归自性，回归本心，已经不会离谱了。这就是到第五步这样一个程度了，慢慢让自己的烦恼能够得到制伏，慢慢让这头牛能够被驯服。

佛法的光明都是在我們
的自性當中、外在的光明
能够對自性光明啟發幫
助、輔助、但最終就是
要點亮我們自己的心
燈
見行堂語
大和尚言教
見行堂

第六个颂：

露地安眠意自如，

不劳鞭策永无拘。

山童稳坐青松下，

一曲升平乐有余。

到第六步的时候，牛也好，人也好，都更加自如了。牧牛人根本不用操心了，他不用特地去作意，特地去提策，这头牛不会有一点点的问题。比前面谈到的把牛放养在一定的范围里，放养在草原上，功夫就更深一层了。无论放养在任何地方，这头牛都能够非常温顺，因为它已经被驯服了。这样的话，牧牛人根本不用有任何的操心。

第七个颂：

柳岸春波夕照中，
淡烟芳草绿茸茸。
饥餐渴饮随时过，
石上山童睡正浓。

到第七步的时候，我们就可以达到一个任运的水平了。任运的水平是什么意思呢？就是我们在修行的过程中，不用特意去提策了，就如早上起来我们知道该做什么，早上起来我们要缘念，要做功课，做完功课我们要早读，要过堂，过完堂要出坡，或者做别的什么，我们已经任运了。这头牛也一样，它知道白天做什么，晚上做什么，已经任运自如了。牛也能够任运自如，小孩也能任运自如，这样在一天中，我们从早到晚的用法都能够非常自如。虽然说非常自如，能够任运而行，可是这头牛还在，可能忽然哪一天它又去吃庄稼了。还是有牛，就说明你的心里还是有烦恼。这就是说修行，修修修，修到哪一天可能就发神经了；修修修，忽然哪一天脾气可能就不好了，忽然哪一天慢心可能就起来了，所以说还是有牛，还是有烦恼。

許多出國讀書的人，也不能留在父母身邊尽孝
即使在同一個國家、城市，現在也有越來越多
的人與父母異地而居，反過來，即使出家
了，父母生病或生活困難時，也可以回家
照顧，這是在生活層面，在精神層面，
出家人心心念念報
父母之恩，以一切
眾生為父母
是更深廣
之孝
見行堂語
恭錄恩師學誠
大和尚言教
背母看病圖

第八个颂：

白牛常在白云中，
人自无心牛亦同。
月透白云云影白，
白云明月任西东。

到第八步的时候，小孩和牛都是虚妄的。我们认识到了我们的作意、我们的烦恼、我们的正念都是无常的，正念是无常的，烦恼也是无常的。我们知道在自性中、自心中，这个小孩有时候也会跑去玩。小孩有时候也靠不住，是虚妄的；牛也跟小孩一样，是虚妄的。这就是说虽然我们用功，但有时候心还是会变的，就跟这头牛一样，有时候是看不住的。我们的正念、我们的作意、我们的如理就跟烦恼一样，也是妄的，也是妄心，只不过是好的妄心，但还不是真心，不是本心。

第九个颂：

牛儿无处牧童闲，
一片孤云碧嶂间。
拍手高歌明月下，
归来犹有一重关。

到第九步的时候，自我没有了。自我没有了，牛是虚妄的，小孩也是虚妄的，那相就空了。相空，就犹如我们看到蓝天、白云、流水、小桥，可以看到万物。牛也没有了，小孩也没有了，内心只有智慧，灵光独照，我们就不用刻意去作意，也不用刻意去查找烦恼，完全是智慧现前了。这功夫就很深了，但是这个时候我们还须努力。为什么还须努力呢？因为还没有到家，还没有成佛。有时候，我们用功会用到自己觉得内心有很强的佛法的喜乐，有很强的佛法的力量，有很深的感受，这就说明我们还有一定的执着，那还不行，因为我们人还有念头存在，还有正念存在，还有回光返照的这种力量存在。那么你一旦执着，这种力量就成了烦恼，这种作用力就成了烦恼。所以一定要达到大圆镜智，一定要成佛。

第十个颂：

人牛不见杳无踪，
明月光含万象空。
若问其中端的意，
野花芳草自丛丛。

到第十步的时候，是大圆满，常寂光土，是成佛的一个境界。就是能念、所念完全空了，念头——智慧的念头、烦恼的念头完全空了，达到能所双亡的境界，看不到人，看不到法，也看不到物，实现大光明藏、大圆满、大菩提。

实际上，在我们修行的整个过程中，大家多多少少都会有一点这样的感受，在不同的层次上。你只要心里觉得有牛就不对，或者你就好好去看着这头牛。如果有人讲“你这个人很牛！”那你就有问题。你不要觉得自己很牛，如果你觉得自己很牛，那你的这头牛就会是烦恼。总之，不能牛，也不能有牛气，或者牛的脾气。

三　发菩提心

所以我们要慢慢去体会佛法的功德、三宝的功德，对佛果有广大的胜解、希求，这样我们才能够远离魔业，远离违缘，得到顺缘。我们如果不是为了利益一切众生，追求的仅仅是利益自己，那肯定会退菩提心——菩提心就是为了利益一切众生。所以我们要干吗，要做什么事，学佛也好，出家也好，都要搞清楚。一直想着自己的利益，我们就会退菩提心，有菩提心也会变得没有菩提心，最后菩提心就发不起来了。我们如果想发菩提心，但仅仅是在想“我要发菩提心”，在作意“我要发菩提心”，在日常生活中没有去实践，去造作，那也会退菩提心。这就是说，我们如果不能把这种心变成我们的行为，时间长了，一样会退菩提心。因为我们没有办法将佛法的力量，通过自己的实践去利益众生，去利益有情，那菩提心是会退失的。

孟子说：“天将降大任于斯人也，必先苦其心志，劳其筋

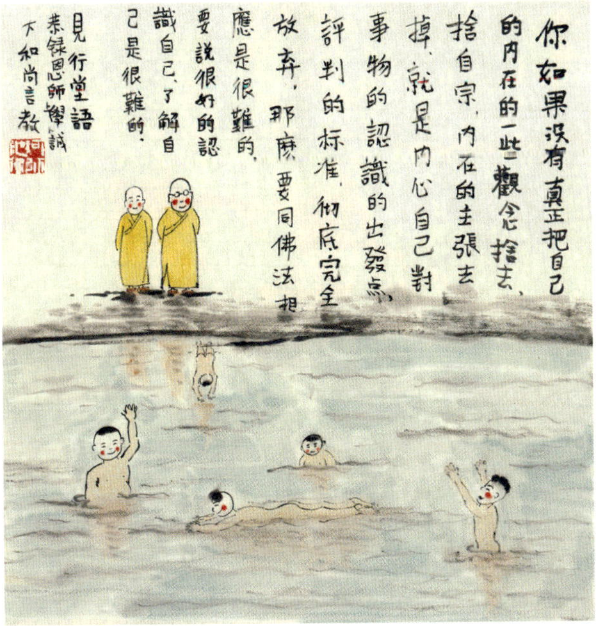

骨，饿其体肤，空乏其身，行拂乱其所为，所以动心忍性，增益其所不能。”这就是说你要成为一个圣人，要成为一个大人物，就必须“苦其心志，劳其筋骨，饿其体肤，空乏其身”，这样才能“增益其所不能”，你的能力、你的知识、你的智慧、你的悲心、你的愿力才能够有所增益。我们要当菩萨的人，比“天将降大任”的这个人还要崇高，难道你什么都不做，就想获得一个菩萨的美名？那谁都可以当菩萨了。菩萨肯定是不容易当的，菩提

心也是不容易发的，所以我们一定要知道佛菩萨的功德、意义，怎么样能让菩提心不退失，持续下去，以及如何尽量地、尽可能地来修习佛法，舍弃恶业。你造了善业，那就不会造恶业，这是肯定的，因为你的心通过实践都变成善业了。你如果没有造善业，就有可能会造恶业，或者无记业——因为你什么也不做，什么行为也没有，所以你的业是无记的，是非善非恶的。

四　精进的力量

我们过去生过去世所做的恶业都会感果，所以我们要忏悔，要观察。忏悔也是非常重要的，能够使我们没有生起的善法生起来，已经生起的善法增长，已经生起的恶法断灭，还没有生起的恶法不生。如果是贪欲的心、嗔恚的心、掉悔的心、睡眠的心、怀疑的心，即我们常说的五盖——欲、嗔恚、掉悔、睡眠、疑，这些烦恼就会盖覆我们的本心，盖覆我们的光明——自性光明。我们只有靠精进的力量，才能断恶修善。不是说，我们想断恶修

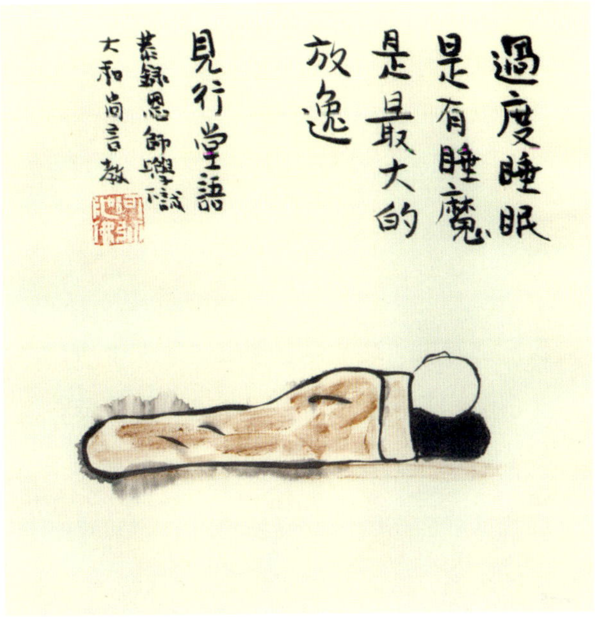
過度睡眠
是有睡魔
是最大的
放逸
見行堂語
恭錄恩師學誠
大和尚言教

善，恶就断了，善就修起来了，必须是无有间断的——无有间断地精进。这样，我们的善才能够持续，恶才能够止息。这在佛教里就名为“四正勤”，正勤就是精进，4种精进。精进是对这方面来讲的，是对这些善恶来讲的，我们预防恶的行为名为精进；对治恶的行为也名为精进。我们有善的行为将它保持，是精进；没有善的行为使它生起来，也是精进。

五 有佛性就是有善根

我们常常讲“这个人有善根，那么用功，那么努力”，那什么叫善根呢？善法有根，人就精进；善法没有根，人就不容易精进。三善根——无贪、无嗔、无痴，没有贪、嗔、痴。没有贪、嗔、痴就是善法，所以就容易精进。如果我们不能断恶修善，善根就比较微弱，所以我们要去认识烦恼，去对治烦恼，不断地努力。你不能说在道场中看到一个人非常用功——一天在看经，一天在礼拜，一天在缘法，就鼓捣他“你为什么修行那么精进，我们去休息一下，我们到外面去玩玩”，那是不对的，那跟佛法是不相应的。刚开始我们都需要这样一个过程，让心在善恶法以及善恶法的行为上能够有所系属。

善根的这些光明也就是佛性的体现，其实我们人通常都是有佛性的——有佛性就是有善根——只是被我们的无明、烦恼、习气、毛病覆盖了。我们在现实人生中会受到各种境界的影响，要主动去把握，要认识到我们初发心的时候是什么样子的，我们在过程中是什么样子的，我们修行到最后是什么样子的。

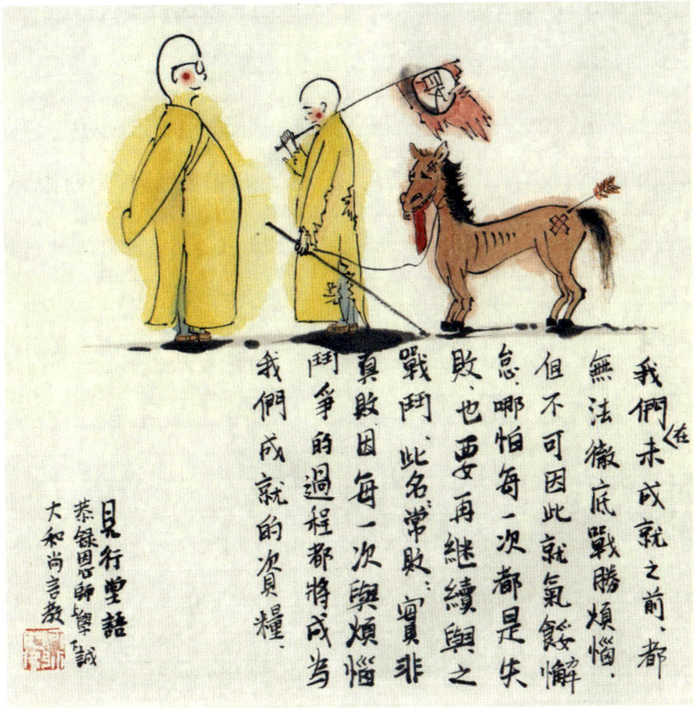
我們在未成就之前、都
無法徹底戰勝煩惱、
但不可因此就氣餒懈
怠、哪怕每一次都是失
敗、也要再繼續與之
戰鬥、此名常敗；實非
真敗、因每一次與煩惱
鬥爭的過程都將成為
我們成就的資糧、
見行堂語
恭錄恩師學誠
大和尚言教

六　成佛才是真正的圆满

我们初发心的时候，人的觉察力是比较强的，觉察的能力、省觉的能力是比较强的，因为一切都是新鲜的。就如一个人从没有来过我们的道场，他来后看一切都很用心，所以他就比较容易相应。时间长了，习气就出来了，他跟佛法就不能相应了。这时，他可能又会看到很多相，就觉得自己在道场跟在社会上其他人群中一样。你如果用功，内心就会越来越敏锐，就知道在道场中应该怎么做，带组应该怎么带，带部门应该怎么带，法会应该怎么主持，缺什么东西应该到哪里去拿，遇到事情应该去找谁……这一切都是清清楚楚的，做到后来他就越做越纯熟了。就像刚开始，我们有很多的义工，常常是佛堂外面的人比佛堂里的人还多——义工比念经的人还多，于是我就想，怎样让佛堂外面没有义工，后来想到了一个办法。你看，这次外边就没有义工了，全部在佛堂里，这说明是能做到的，只要我们去想办法。这样就不会造成护持的人不能念经、不能用功、不能缘法，护持不了——护持几次就受不了的局面。这样的话，就连在佛堂里参加法会、参加活动的人，也能积资粮，去洗菜，去出坡，去刷碗等，这样体会就更深了。再到后来，事情就能够做圆满——初、中、后、究竟，都能够圆满。

但是一开始，你就想让它圆满，是不可能的。如果你这样去做，就会导致很大的问题，是不可取的。有些人做事，据我的观察，他就是每次一定要做得圆满，像每次都要考100分。这是不可能的，你怎么能每一次都考100分呢？你说每一次都要得第一名，这也是很不现实的事情，这种心态是不对的。怎样的心态才是对的呢？修行也好，做事也好，只要每一次你有一个希望的点、进步的点、成就的点，就可以了。比如这次法会结束以后，自己哪几点进步了，哪些方面成长了，哪些方面收获了，这就是对的。你如果感觉到这个活动你参加了，做下来无懈可击，全部做得很好，那你这心态就有问题。刚开始如果你只想把一切都做得很好，就会有问题。为什么？因为不可能所有的事情都十全十美，这是不现实的。忽然有一天，你认为自己已经做圆满了，那你这个人也差不多了。因为你不用再做，不用再修，已经圆满了。所以我们内心的这些无明、烦恼、差别是非常微细的，是觉察不出来的。所以我们只能说一天比一天好，每一次看到亮点就可以了，不要说每一次都追求圆满，每一次都追求十全十美，那样的话，你会把自己搞得很苦，与你一起做事那些人也会很苦，弄得大家都很苦。在社会上做事与这个道理是一样的，我们不能在这方面用心，只有成佛才是真正的圆满。

七 随喜和回向

我们要随喜功德。随喜功德很重要，别人做得好，你要随顺、赞叹、鼓励。随喜功德，这不仅仅是显得自己很有修养，或者觉得人家做那么多事了，我至少讲几句好话，但仅仅这样是不对的。随喜功德是为了培养我们为善的等流，只要你看到别人做好事你高兴，别人有功德你高兴，你自己造善自己也高兴——看到所有人做好事情你都高兴，那么这种等流就很了不得。随喜功德能够对治自己的攀比心、自己的分别心、自己的嫉妒心、自己的我慢，种种的毛病都能够得到对治，所以我们要去随喜。你看我们照相的时候，大家常说“随喜”，之所以说“随喜”，是怕自己照得不好看。我们平时也要随喜，而不仅仅是照相的时候随喜，随喜功德就能够积聚资粮。当然随喜不仅仅是一句口号，你从心里真正随喜，那你这个人就很了不得，资粮就大。

我们出现很多的问题，就是因为我们不能随喜别人的功德。别人做多了，别人做好了，你心里难受，这就是没有随喜心、没有感恩心，这不是学佛人的一种心态，这不仅不能积资粮，还会损资粮。别人得到了资粮，你却损失了资粮，是不是很划不来？所以我们一定要去随喜别人的功德。你要有这种随喜功德的心，哪怕你躺在床上，哪怕你坐在那里，但你想着：大众很辛苦，谁谁谁很辛苦，他这么发心……随喜别人的善行，你的功德就很大。当然只有在你老了、你生病了、你动不了了的时候，你才能天天什么都不做，就“随喜，随喜”；如果不是在这样的情况下，那你只是“随喜，随喜”的行为就不行，那不是真正的随喜，而是一种口号了，这两者是有区别的。

不仅要随喜，还要回向。我们做的这些善事、这些功德，都要回向到无上正等菩提，回向到成佛。这样的话，我们的所作所为，我们的一切善行，最后才能趋向菩提，才能归向佛果，我们最后才能得到佛果。回向的目的就是要培养我们身语意的行为，使它与佛的三业相应。佛有身语意，我们也一样，只有我们身语意的造作与佛菩萨相应了，最后我们才能够成佛。我们能够有这种广大的回向心，就慢慢对轮回，对恶道的怖畏、危害，对无明，能够超越了。因为你跟佛相应，跟法相应，这些痛苦、烦恼、轮回等，自然就能够得到对治了。如果没有这种随喜、感恩、回向的心，那我们的心就会越收越紧，越来越僵化。

八 真正的皈依处

我们前几天谈到念死无常，念死无常能够减少我们对现世利益、现世快乐的贪着。因为我们凡夫都是贪着现世的安乐，所以需要无常法类，需要死心，要知道我们人都会死，而且死无定期。这样的话，我们才会重视听闻佛法，而不只是贪着世间生活上的享受和习惯。我们如果没有死无定期的这种深切的感受，那时间长了，就跟没学佛法的人一样了，就是日子一天一天过，一天一天生活。所以法的真正的皈依处就在这里，佛法僧都在这里。法才是我们真正的皈依处，佛是我们皈依的本源。法是佛说的，僧是我们修行人最殊胜的助伴。也就是说，如果没有僧，没有出家人，我们就很难修为，动力就不强。僧的根源在佛、在历代的传承祖师，但真正皈依靠的是法。

聽
聞思修
我們個人在用功的過程中、非常
容易把同自己習氣相應的某一
點當成佛法、佛陀他就要求從
善知識處聽聞佛法、才能得到
正見、然後我們內在的我執
就會
淡化、從
自己聞、
我們所
有的一切
都是顛
倒妄想、
這些妄想就會不斷重復加深
堅固
見行堂語
恭錄恩師樂識大和尚言教
阿彌陀佛

我们在娑婆世界生活，常常说“吉祥如意”“祝你吉祥如意”。之所以说“吉祥如意”，是因为你也有不如意的时候。什么叫如意？什么叫不如意？人如意的时候很少，不如意的时候也很少，大部分时间是在如意与不如意之间——称不上如意，也称不上不如意。那个时候我们怎么办？我们怎么看？我们怎么来认识在日常生活中自己既没有感觉到如意也没有感觉到不如意的这种状态？这种状态不是说你的水平很高，也不是说你的心态很平静，只能说明你的境界很平常。境界很平常怎么办？你要把如意的部分不断扩大，把中间那些空白的部分变成如意，把不如意的部分消除，每天都过着如意的生活。如意的生活就是自足的生活，自足的生活就是正见的生活。如意才能够吉祥，如意就是如自己的意——如自己的善意，如自己的善念，如自己的心愿。我们天天回向：一切善知识的心愿都能够得到成办。这就是如意了，就是如佛菩萨、善知识的意愿，并将其变成自己的一种意愿。这个时候我们看到的一切就非常清楚了——蓝天也看得清楚，乌云也看得清楚，这就说明我们有智慧了。我们有智慧，再来认识世界，再来认识人生，再来认识自己和他人。

《法华经》讲大白牛车——大乘。大白牛车的力量就很强，完全是善法，白就代表善法。我们学佛法的人，要在生命、生活

的层面，感觉到佛法的力量、精神的力量、精神的作用。我们要在精神境界上让佛法丰富起来，有层次感，从而使我们越来越清晰，而不是在凡夫的物质的境界上，把它搞得很复杂。如果我们仅仅对外在的东西很清楚、很明确，对内在的东西不清晰、不明了，那就不对了。所以佛法学多了、学久了，我们内心应该越来越清明——登堂入室，就犹如我们走到见行堂，走到东配楼、北配楼。我们天天在这里，知道从哪个门进，从哪个门出，肯定不会迷路；而新来的人走到这里，就可能不知道从哪里进，也容易转不出去，因为他对这里没有那么熟悉。

当你用清明的心观照烦恼
以一个旁观者的角度观照
它的生灭。它在哪里，它既然
没有实体，心又如何能住于
烦恼呢。明白了就在当下
见行堂语 恭录憨山大师 诚

我们修行、用心也是如此，要慢慢地让自己感觉到非常自如，任运无间。精神层面认识到了，行为才会有意义，所以我们不能执着于一些世俗功利的价值观。世间价值的追求都是在功利的层面上，都是在物质利益的层面上。而佛法不同，佛法所要追求的是心灵层面的——心灵层面的提升，心灵层面的净化，内心

烦恼的去除，菩提心的增长等。这就是说，我们对物质世界有经验之后，慢慢地要让自己对精神世界也有经验；我们对凡人的世界、生活有经验之后，也要对圣者的世界有经验。要有经验，我们就要去学习，我们就要去实践，我们就要花心思，我们就需要时间，这样我们的生命才能慢慢熏习圣贤的气息，我们才能够一步一步地向圣贤的方向迈进，最后才能够成贤成圣，成佛做祖。

图书在版编目（CIP）数据

一切都还没有注定 / 学诚著；贤书，贤帆绘. —北京：台海出版社，2016.3
ISBN 978-7-5168-0856-6

Ⅰ. ①一… Ⅱ. ①学… ②贤… ③贤… Ⅲ. ①人生哲学—通俗读物 Ⅳ. ①B821-49

中国版本图书馆CIP数据核字（2016）第040147号

一切都还没有注定

著　　者：学　诚　　　　绘　　者：贤　书　　贤　帆

责任编辑：晋璧东　　　　封面设计：仙　境
版式设计：李　洁　　　　责任印制：蔡　旭

出版发行：台海出版社
地　　址：北京市朝阳区劲松南路1号　　邮政编码：100021
电　　话：010-64041652（发行，邮购）
传　　真：010-84045799（总编室）
网　　址：http://www.taimeng.org.cn/thcbs/default.htm
E-mail：thcbs@126.com

经　　销：全国各地新华书店
印　　刷：北京缤索印刷有限公司
本书如有破损、缺页、装订错误，请与本社联系调换

开　　本：710×1000　1/16
字　　数：140千字　　　　印　　张：16
版　　次：2016年5月第1版　　印　　次：2016年5月第1次印刷
书　　号：ISBN 978-7-5168-0856-6

定　　价：39.80元